百年大党的
人民财政观

刘尚希　傅志华 等　著

THE FISCAL PHILOSOPHY
OF THE CCP:
FOR THE PEOPLE, BY THE PEOPLE

(1921-2021)

人民出版社

参与本书研究和撰写人员：

刘尚希　傅志华　马洪范　李成威　程　瑜

陈　龙　申学锋　史　卫　阎晓茗

目　录

前　言

　　胸怀千秋伟业，恰是百年风华。回望我们党走过的光辉历程，之所以能够取得彪炳史册的丰功伟绩，根本原因在于中国共产党始终传承着"人民基因"。庆祝中国共产党成立 100 周年大会上，习近平总书记的重要讲话中反复强调了我党的政治价值观——人民观，这从财政来看，彰显出财政的政治属性——"人民财政观"。

以人民为主体的财政

　　"人民至上""以人民为中心"这样一种人民观，作为政治理念是一种历史的进步，是人类政治文明的发展。在不同历史时期，人民的内涵是有很大差异的。今天的人民观是一个历史的发展，是从阶级的人民观发展而来的。今天的人民观是人本主义的人民观，是马克思主义关于人的解放和自由全面发展学说的继承和发展。人本人民观已经成为党的基本立场和基本价值，作为一种政治理念，集中体现了一个政党的政治属性——人民性，为了人民，依靠人民；作为一种发展理念，反映出经济社会发展模式的变迁——群众性，发动群众来创造、创新和发展。人本人民观彰显了人民在历史发展中的主体地位，为财政的人民主体性提供了理念和价值前提，由此使"人民财政观"区别于传统的以国家为主体的"国家财政观"。

一百年来，在中国共产党带领中国人民从站起来、富起来到强起来的伟大征程中，财政根植于人民大众，始终与民族复兴、群众生活紧密相连，为革命战争、社会主义建设、改革开放和新发展格局构建发挥了基础性作用。不同时期党的中心任务和目标不同，但都是在践行党的初心使命：人民幸福和民族复兴；财政为此而防范化解公共风险，为不同时期任务和目标的实现注入"确定性"。

在革命战争时期，土地改革、减租减息、大生产运动、精兵简政等财政政策，赢得了民心，为夺取革命胜利奠定了群众基础和物质基础，民族危亡的重大风险得以消除，实现了民族解放和国家独立。在社会主义建设时期，财政转型为"建设财政"，为国家建设筹集资金、配置资源，实现了新中国站起来之后的稳固与发展。在改革开放时期，财政转型为"公共财政"，为市场化改革开辟道路，贯彻物质利益原则，调动地方、企业、个人等各方面积极性，有力推动了改革开放，终结了"短缺经济"带来的公共风险。在新时代，财政转型为"人本财政"，为国家治理体系和治理能力现代化，尤其是为人的现代化提供基础和支撑，防范化解可持续发展的风险由此就有了可能。

共产党的人民基因使共产党领导的财政打一开始就树立了坚定的人民财政观，成为以人民为主体的财政。财政的内在逻辑从此改变，"人本逻辑""风险逻辑"和"发展逻辑"叠加成为财政的新逻辑。以人民为主体的财政，意味着财政是人民的财政，财政的这种政治属性为财政公开透明、人民监督和财政法治提供了依据，也为财政责任、财政治理和财政职能的"生成"提供了政治前提。

政党和人民的财政关系是政治的集中体现

我们过去对这一问题的认识是从阶级性的角度进行探讨的，财政是阶级统治的工具，代表了统治阶级的意志。从历史和财政自身的多元属性来看，政党和人民的财政关系是多维度的、多色彩的，并非单一的色调。阶级分析视角的财政关系是革命年代的特殊产物，不反映财政关系的一般性。在不同生产力水平基础上，政党和人民的财政关系至少有如下层面：一是财政主要是为谁服务？是为人民大众服务，还是为少数的富人或所谓的"纳税人"服务？这决定了财政的政治立场，政治立场决定了财政的政治属性。现代国家几乎无不高举人民旗帜，但在"资本至上"的国家，以物为本的逻辑居于支配地位，人本逻辑难以彰显。即使是福利主义也没有真正回到人本逻辑的轨道，通过实行基本收入、基本消费的福利政策来满足每一个人的基本需要，但并不意味着人的发展和机会平等上都会自然实现。二是财政面对民众权利和公共权力是如何判断其关系的？是让权力来约束权利，还是相反，让权利来约束权力？这决定了财政的法律性质。人民财政的法律性质，无疑是让权利来约束权力，也就是通过财政法治来约束权力的行使，保障民众的权利。从人民至上的政治理念来看，"权利本位"也是财政的一个基础。三是财政面对不同阶层、群体和区域民众的权利和义务如何让其得以平等实现，并让其权利和义务有效匹配起来？这涉及社会的公平正义，反映财政的社会属性。民众都有免于基本风险的权利，如失业、失能之后的生活保障和基本公共服务消费的享用等等；也有承担一定风险的义务，如服兵役、缴税和社会责任等。

建党百年以来，中国共产党之所以不断从胜利走向胜利，关键在于正确处理了党和人民的财政关系，真正做到了"一切为了人民，一切依靠人民"。这种政党和人民的财政关系体现了一种新的政治理念和制度设计，并作为中国共产党的"政治基因"一直传承下去。

无论是革命、建设、改革开放时期，还是中国特色社会主义新时代，财政都是一个政权动员、集中和使用资源，以应对包括政治风险、经济风险和社会风险等在内的公共风险的一种社会机制。这种机制往往隐含于整个社会体系当中，并决定着一个政权与整个社会的运行和发展状况。我们必须突破部门具象的局限，应从广义的社会层面来理解财政更为一般、更为本质的内涵和特征。回顾党的百年奋斗历程，我党对财政问题的把握和理解始终是以人民为中心的，跳出了收收支支的框框。一方面，发展经济，自力更生，不加重民负，赢得民心；另一方面，民心作为政治资源，往往转化为巨大的隐性财政资源，支撑着党在不同时期的中心任务。革命战争时期，人民群众主动支援前线，解决了党领导的武装力量的后勤保障问题。在新中国建设时期，人民群众响应党的号召，主动加入社会主义改造，低工资、剪刀差，不计报酬的工作，不讲价钱的返乡务农，解决了工业化的资金积累和当时的城市人口压力问题。改革开放时期，又作为勤劳、低薪的劳动力大军，离开家乡进城，支撑起了中国作为"世界工厂"的地位，国家的面貌焕然一新。人民的财政总是蕴含着巨大的能量，以显性和隐性的方式动员、集中和使用资源，把政治、经济和社会融为一个有机整体，并在构建民族复兴、国家发展的确定性过程中发挥着基础性作用。在党的百年历史中，从未发生过资本主义国家那样的财政危机，根源就在于财政是人民财政。人民财政彰显了人民的主体性，而不是传统理论中的国家主体性。人民主体性的凸显，意味着国家与人民的财政关系发生了重构。人民对财政过程的参与，而不是被动履行权利和义务，是人类文明的进步。

有形与无形的财政：从政治经济过程的观察

在生产力水平很低，以小农经济为主的历史时期，我们很难用现代财政的定义去理解和解释当时的财政活动，也不能用现在的以货币性收支体现的"预算完整性"等规范化、制度化、法治化的概念来简单评价之前的财政活动以及党与人民的财政关系。比如，土地革命战争时期，"打土豪、分田地"，就是从土豪劣绅手里获取土地及财政收入，是对私人所有权的否定和"合法剥夺"，这符合财政的一般定义，实际上也是一种财政活动。只是土地、房屋作为生产资料和消费资料，作为财富是一个存量的概念，通过强制手段把这些存量资源集中起来，再分配给穷苦农民。特殊时期的这种财政活动使得党在根据地很快赢得了民心，没有这个基础，要完成党当时的中心任务"筹款、打仗和做群众工作"几乎是不可能的。根据地财政以当时条件下的特殊方式对当时革命任务的完成起到了枢纽性和基础性的作用。

从纵深来观察，对财政活动不能仅仅局限于从货币性收支流量的层面去理解。比如，我们现在讲财政资源统筹，不仅要统筹财政资金，还应把财政资金和以前财政资金投入形成的大量资产关联起来、整合起来，这才是一个完整的财政。"预算的完整性"是基于流量的一个概念，不等于"财政的完整性"。我们过去理解财政就是一个流量的概念，集中体现为当年收支的预算安排等方面，实际上这是远远不够的。我们既要看到流量的层面，更要看到存量的层面。从存量的角度来观察，我们当前的财政实际上是不完整的财政。

在党的百年历程中，财政功能的发挥既表现为显性的预算及收支行为，比如，征税、征粮、花钱、用物等显性活动，也表现为形式多样的对财政资源的隐性动员、集中和使用。比如，我们党在革命战争年代深深根植人民、紧紧依靠人民，获得了人民大量人力物力财力的支持。陈毅曾深情地说："淮海战役的胜利，是人民群众用小车推出来的"，就是生动描述了人民当时踊跃出力、出工、出钱、出物支援前线的情景。这意味着人民群众主动分担了不少政府支出责任。可以看出，党和人民当时形成了一种良好的财政关系，隐性的财政活动发挥了重要支撑作用。

后，如何真正"站稳脚跟"并实现"富起来""强起来"，使中华民族稳稳地屹立于世界民族之林是最大的使命。财政在每一个历史阶段以不同的形式动员、集中和使用社会资源，以不同的方式调节各种利益关系，从而化解国家和民族面临的种种风险与挑战，不断地为中华民族伟大复兴构建确定性的环境。

一、人民性是中国共产党财政观的基因

中国共产党来自人民，人民性与生俱来。马克思人本主义和中国传统民本思想是中国共产党人民财政观的理论基因。

1. 中国共产党来自人民、植根人民，其人民性与生俱来

中国共产党是中国工人阶级的先锋队，同时是中国人民和中华民族的先锋队，全心全意为人民服务是党的根本宗旨。"来自人民、依靠人民、为了人民，是 100 年来中国共产党的发展逻辑和胜利密码。"[1]"党没有任何自己特殊的利益，从来不代表任何利益集团、任何权势团体、任何特权阶层的利益，而是为人民谋幸福、为民族谋复兴。党的奋斗目标和人民的希望诉求相一致，党与人民一体同心、休戚与共、生死相依。党得到人民广泛支持，从人民中获得力量，历经挫折却不断发展壮大。"[2]

世界上没有哪一个政党同中国共产党一样，完全来自人民，同

---

[1]　中共中央宣传部：《中国共产党的历史使命与行动价值》，人民出版社 2021 年版，第 7 页。

[2]　中共中央宣传部：《中国共产党的历史使命与行动价值》，人民出版社 2021 年版，第 8 页。

时又代表人民、维护人民的利益。世界各国有着各种各样的政党，其中很多是社会精英形成的俱乐部。观察西方政党制度与政党纷争，可以很明显地看出，其实质是不同精英团体、利益主体的博弈。西方政党制度通常采用议会"民主"的形式，但"事实上议会的立法总是保护有产阶级的"①。中国共产党始终坚持人民立场与群众观点。1935 年，瓦窑堡会议决议明确指出，中国共产党是中国最大多数人民的利益的代表者，是全民族的代表者。1944 年，在张思德追悼会上，毛泽东明确提出了"为人民服务"，强调"我们这个队伍完全是为着解放人民的，是彻底地为人民的利益工作的"②。1945 年，在《论联合政府》报告中，毛泽东将人民立场、群众观点、党的宗旨紧密联系在一起，强调"全心全意地为人民服务，一刻也不脱离群众；一切从人民的利益出发，而不是从个人或小集团的利益出发；向人民负责和向党的领导机关负责的一致性；这些就是我们的出发点"③。从党的七大开始，中国共产党把全心全意为人民服务作为党的根本宗旨载入党章。

新中国成立后，中国共产党始终坚持人民立场、群众观点和全心全意为人民服务根本宗旨，并不断发扬光大。毛泽东告诫全党："共产党就是要奋斗，就是要全心全意为人民服务，不要半心半意或者三分之二的心三分之二的意为人民服务。"④ 邓小平多次强调"领导就是服务"。1990 年通过的《中共中央关于加强党同人民群众联系的决定》在重申人民立场与群众路线基础上，强调要牢固树立人民群众是历史创造者的观点，向人民群众学习的观点，全心全意为人民服务的观点等。习近平总书记提出了"以人民为中心"，强调，"人民是历史的创造者，群众是

---

① 《毛泽东文集》第一卷，人民出版社 1993 年版，第 2 页。

② 《毛泽东选集》第三卷，人民出版社 1991 年版，第 1004 页。

③ 《毛泽东选集》第三卷，人民出版社 1991 年版，第 1094—1095 页。

④ 《毛泽东文集》第七卷，人民出版社 1999 年版，第 285 页。

真正的英雄。人民群众是我们力量的源泉"①，要求全党"必须把人民利益放在第一位，任何时候任何情况下，与人民群众同呼吸共命运的立场不能变，全心全意为人民服务的宗旨不能忘，坚信群众是真正英雄的历史唯物主义观点不能丢"②。

中国共产党带领中国人民实现中华民族伟大复兴，在全球人类文明发展中并不是一个孤立的事件。在中国共产党的领导下，中国革命、建设、改革和中国特色社会主义新时代的伟大实践改变了世界的政治、经济和全球治理的格局，是世界历史发展进程中浓墨重彩的一笔。中国共产党之所以取得这样的成就，与其与生俱来的人民性，以及将人民性有效植入其治国理政的财政观中，是密不可分的。化解人民群众在各个阶段面临的风险，满足人民群众不同层次的需求，始终是中国共产党奋斗的出发点和落脚点。③

2. 马克思人本主义和中国传统民本思想是中国共产党人民财政观的理论来源

马克思人本主义和中国传统民本思想是中国共产党人民财政观的理论来源，构成中国共产党人民财政观的理论"DNA"双螺旋结构。

马克思人本主义关注人的发展、全人类的前途和命运，把人的全面、自由发展，全人类的解放作为衡量社会发展的最高价值标准。马克思从历史唯物主义原理出发，科学地论述了人的全面发展的必然性及其对社会发展的重要意义。在马克思看来，社会发展是以人的解放和全面、自由的发展为最高理想的，其核心是人的发展，离开了人的发展就

---

① 《习近平谈治国理政》第一卷，外文出版社 2018 年版，第 5 页。
② 《习近平谈治国理政》第二卷，外文出版社 2017 年版，第 295 页。
③ 参见刘尚希等：《中国改革开放的财政逻辑（1978—2018）》，人民出版社 2018 年版，第 2 页。

谈不上社会的发展，不可能有离开人的、与人相对立的、外在于人的社会。人的全面发展，是符合人的本质和需要的发展，是让每个人的主体性、创造力和价值充分彰显。

在中国传统文化中，民本价值论始终占有重要地位。《尚书·五子之歌》有言："民惟邦本，本固邦宁。"孔子提出了庶民、富民、教民的仁政思想。孟子继而提出了"民为贵，社稷次之，君为轻"的政治秩序理论，要求统治者要有"忧民之忧"及"与民同乐"的思想境界，要有解民于"倒悬"的政治作为，要建立"恒产"的产权制度保障民生。荀子则更进一步提出"天之生民，非为君也；天之立君，以为民也"的立君为民权力观。荀子还提出了"水能载舟，亦能覆舟"的思想。上述诸子百家的民本思想一直扎根于中国传统文化当中，延续千年。

马克思人本主义与中国传统民本思想高度吻合，两者的结合在中国共产党人民财政观中得到了充分体现。一百年来，中国共产党动员、集中和使用社会资源的财政活动，其目的是为了人民，即化解国家和民族面临的重大公共风险，体现解民于"倒悬"的政治作为，为实现人的自由全面发展提供基础条件；其前提是依靠人民，即充分发扬财政民主，依靠和动员人民集中所需的社会资源，真正做到为了人民，人民财政人民来监督。这两个方面是相辅相成的，即只有为了人民才能得到人民的信任，才能动员、集中和使用到所需的社会资源，才能更好地服务于人民。"为了人民、依靠人民"，这是中国共产党财政观的精髓。

二、人民财政观蕴含着公共风险财政逻辑

财政是动员、集中和使用社会资源，调节各种利益关系的一种社会机制。财政作为一种机制，化解社会共同体面临的公共风险，构建社会共同体发展的确定性。构建国家和民族发展的确定性，是中国共产党永

恒的历史任务。在中国革命、建设、改革和中国特色社会主义新时代的各个时期，化解社会共同体公共风险的历史任务，其内容虽有所不同，但都与中国最大的一个群体密切相关，这个群体就是农民。考察中国共产党的人民财政观，离不开农民问题和土地问题。

1. 财政始终是化解公共风险的基础性制度

人民财政观贯穿于中国共产党百年奋斗全过程。一百年来，中国共产党之所以从胜利不断走向胜利，关键在于真正做到了"一切为了人民，一切依靠人民"。这种政党和人民的关系体现了以人民为中心的政治理念和制度设计。在中国共产党带领中国人民从站起来、富起来到强起来的伟大征程中，财政根植于人民，始终与民族复兴、民众幸福紧密相连，对推进革命战争、社会主义革命和建设、改革开放的伟大进程以及构建新发展格局均发挥了基础性作用。在革命战争时期，党领导的财政是"战争财政"，为武装斗争这个中心服务。通过土地改革、减租减息、大生产运动、精兵简政等，为中国共产党赢得了民心，也为夺取革命胜利奠定了物质基础。在社会主义革命和建设时期，财政转型为"建设财政"，为国家建设筹集资金、配置资源，实现了新中国成立之后政权的稳固与发展。在改革开放时期，"公共财政"为市场化改革开辟道路，调动地方、企业、个人等各方面积极性，有力推动了改革开放进程的深入。在中国特色社会主义新时代，"现代财政"为国家治理体系和治理能力现代化、实现人的现代化提供基础和支撑。

过去，我们对政党与财政关系问题的认识更多是从阶级性角度来探讨的。从学术角度来看，这种阶级性反映的是一个政党和人民的财政关系：是依靠人民、为了人民，还是背离人民？不同的答案决定了财政的政治属性。财政动员、集中和使用资源，目的是形成一种应对包括政治风险、经济风险和社会风险等在内的公共风险的社会机制。这种机制往往隐含于整个社会体系当中，并决定着一个政权与整个社会的运行和发展状况。我们必须从广义的社会层面来理解财政更为一般、更为本质的内涵和特征。回顾党的百年奋斗历程，中国共产党对财政问题的把握和理解始终是以人民为中心的，跳出了财政收支管理。一方面，发展经济、自力更生，减轻民负，赢得民心；另一方面，民心是最宝贵的政治资源，支撑着党在不同时期完成相应的中心任务。革命战争时期，人民群众主动支援前线，解决了战争的后勤保障问题；新中国成立后的社会主义革命和建设时期，人民群众响应党的号召，主动实施社会主义改造，不计报酬地工作，解决了工业化的资金积累和当时存在的城市人口压力问题；改革开放时期，勤劳的劳动力大军，支撑起了中国作为"世界工厂"的地位，国家面貌由此焕然一新。人民的财政总是蕴含着巨大的能量，以显性和隐性的方式动员和集中资源，把政治、经济和社会融成一个有机整体，并在构建民族复兴、国家发展的确定性环境过程中发挥着基础性作用。在党的百年历史中，从未发生过类似资本主义国家的财政危机，根源就在于财政是人民的财政。①

　　当然，在生产力水平低下，以小农经济为主的历史时期，我们很难用现代财政的定义去解释当时的财政活动，也不能用现在以货币性收支体现的"预算完整性"等概念来简单评价历史上的财政活动以及党与人民的财政关系。比如，土地革命时期，"打土豪、分田地"，就是从土豪劣绅手里获取土地及收入，是对部分人所有权的否定，实际上也是一种财政活动。土地、房屋作为生产资料和消费资料是一个存量的概念，把这些存量资源集中起来，再分配给穷苦农民，这种财政活动使得党在根据地很快赢得了民心。没有这个基础，要完成当时的中心任务"筹款、打仗和做群众工作"几乎是不可能的。在当时的条件下，根据地财政通过特殊方式对完成革命任务起到了基础性的作用。我们过去理解的财政

------

① 参见刘尚希：《百年大党的"人民财政观"》，《中国财经报》2021 年 8 月 12 日。

是一个流量概念，集中体现为预算安排等方面，实际上这是远远不够的。"预算的完整性"是流量层面的概念，不等于"财政的完整性"。我们既要看到流量的层面，更要看到存量的层面。我们现在讲财政资源统筹，不仅要统筹财政资金，还应把财政资金和以前形成的大量资产关联并整合，这才是完整的财政。在中国共产党的百年历程中，财政功能的发挥既表现为显性的预算及收支行为，如征税、征粮、花钱、用物等显性活动，也表现为多种多样的隐性形式，如我们党在革命战争年代深深根植人民、紧紧依靠人民，获得了大量人力物力财力支持。陈毅曾深情地说："淮海战役的胜利，是人民群众用小车推出来的。"可以看出，党和人民当时形成了一种良好的财政关系，人民的支持发挥了重要支撑作用。

高度重视财政问题，以人民为中心来处理各种复杂的财政关系，是百年大党成功的重要经验。在理论上，我们对财政的认识不能表面化，也不能现象化，而要进一步拓展视野和维度，透过现象看本质，从党的伟大实践中汲取灵感，更深刻地认识和把握人民财政观中蕴含的公共风险财政逻辑。

2. 处理好土地和农民问题，是百年财政化解公共风险的主线

重农固本是安民之基、治国之要，也是化解中华民族共同体风险之基、构建国家发展确定性之要。处理好农民问题和土地问题，贯穿于中国革命、建设、改革和中国特色社会主义新时代财政制度安排和政策实施全过程。

在革命战争时期，以解决土地问题为核心的财政安排，是动员农民参加和支持革命的重要机制。中国革命的基本问题是农民问题，中国共产党自成立之日起就认识到农民问题的重要性，重视动员和组织农民。"除了无产阶级是最彻底的革命民主派之外，农民是最大的革命

民主派。"①且农民数量巨大，"农民在全国总人口中大约占百分之八十，是现时中国国民经济的主要力量"②。如何让农民成为依靠力量？就需要知道农民需要什么，解决好这个问题，农民阶级才能成为我们可靠的同盟。"国民党是反对土地革命的，因此没有农民的援助。其军队虽多，却不能使兵士群众和许多小生产者出身的下级干部自觉地为国民党拚命，官兵之间在政治上是分歧的，这就减少了它的战斗力。"③毛泽东指出，"要打倒帝国主义和封建主义，只有把占全国人口百分之九十的工农大众动员起来，组织起来，才有可能"④。"农民这个名称所包括的内容，主要地是指贫农和中农。"⑤"全部中农都可以成为无产阶级的可靠的同盟者，是重要的革命动力的一部分。"⑥ 贫农"是无产阶级的天然的和最可靠的同盟者，是中国革命队伍的主力军。贫农和中农都只有在无产阶级的领导之下，才能得到解放；而无产阶级也只有和贫农、中农结成坚固的联盟，才能领导革命到达胜利，否则是不可能的"⑦。中国革命打出"农为党本"的旗帜，非常准确地把握了中国革命的性质。从生产力角度来说，工业基础不发达，土地是最主要的生产资料，也是农民最基本的生产资料。从这个意义上讲，破除从旧社会传承下来的土地所有制关系，建立广大农民拥有土地的所有制关系，把土地分给农民，激发农民参与革命的积极性，并促进农业生产力发展，夯实财政来源。当时的中国是一个小农经济国家，主要革命力量就是农民，而农民最关心的是土地问题。土地是农民的命根子，是主要的生产资料，农民生活和财政来源系于一身。从历史上来看，农耕时代的土地问题是作为国家财政

---

① 《毛泽东选集》第三卷，人民出版社 1991 年版，第 1075 页。
② 《毛泽东选集》第二卷，人民出版社 1991 年版，第 642 页。
③ 《毛泽东选集》第一卷，人民出版社 1991 年版，第 190—191 页。
④ 《毛泽东选集》第二卷，人民出版社 1991 年版，第 564—565 页。
⑤ 《毛泽东选集》第二卷，人民出版社 1991 年版，第 644 页。
⑥ 《毛泽东选集》第二卷，人民出版社 1991 年版，第 643 页。
⑦ 《毛泽东选集》第二卷，人民出版社 1991 年版，第 643—644 页。

问题看待的，土地所有制关系的形成取决于国家财政的需要。中国共产党建立红色政权后，第一件大事就是解决农民土地问题。为吸引更多农民支持参加革命，土地革命时期党实行了"打土豪、分田地"政策。全面抗战后，在抗日民族统一战线下，党改变了没收土地，转而实行减租减息政策。解放战争后，党通过彻底的土地改革，实现了农民"耕者有其田"的梦想，人民解放战争的力量不断扩大。

在社会主义革命和建设时期，以解决土地问题和处理工农关系的财政安排，是推动工业化的重要积累机制。新中国成立后，国家先后颁布了一系列政策文件推动土地改革。1949 年 9 月通过的《中国人民政治协商会议共同纲领》明确提出"有步骤地将封建半封建的土地所有制改变为农民土地所有制"，"实现耕者有其田"。1950 年国家颁布《土地改革法》，明确规定土地改革的目的是"废除地主阶级封建剥削的土地所有制，实行农民的土地所有制，借以解放农村生产力，发展农业生产，为新中国的工业开辟道路"。1953 年开始，为了建设国家工业化，党领导国家开始社会主义改造，在农村开展了合作化运动。关于与农民的关系问题，毛泽东在《论十大关系》中有一段精辟论述，"我们对农民的政策不是苏联的那种政策，而是兼顾国家和农民利益。……国家和工厂，国家和工人，工厂和工人，国家和合作社，国家和农民，合作社和农民，都必须兼顾，不能只顾一头。无论只顾哪一头，都是不利于社会主义，不利于无产阶级专政的。这是一个关系到六亿人民的大问题，必须在全党和全国人民中间反复进行教育"[1]。世界各国为工业化筹集资金有各种不同的途径，当时的中国无法也不能复制西方工业国家通过殖民地获取资源的工业化路径，也不能指望任何外力能够满足中国这样一个大国的工业化资金需要。中国的国家工业化的资本原始积累主要来源于农业。[2] 可以说，

---

[1] 《毛泽东文集》第七卷，人民出版社 1999 年版，第 30—31 页。

[2] 参见温铁军：《中国农村基本经济制度研究》，中国经济出版社 2000 年版，第 177 页。

没有"剪刀差"和农民的贡献，就没有现代工业化基础的快速建立。

改革开放时期，处理土地问题和农民问题的财政安排，是放权分权改革的重要突破口。改革开放初期，贫困落后，时刻面临着生存危机与被"开除球籍"的危险，让当时各方达成共识，即唯有改革方能破解贫穷落后危局，这也是撬动中国改革开放的最初动力。财政的任务就是贯彻物质利益原则，通过放权与分权的改革，调整和重构多方利益关系，为改革开放奠基铺路。首要任务是，通过调整与农民的利益关系，增加对农民与农业的放权让利，调动农民的生产积极性。从安徽小岗村悄悄"包产到户"，到1983年《当前农村经济政策的若干问题》肯定联产承包责任制，集体所有制改革涌现出来的产权创新，赋予了农民财产权利，大大调动了农民的生产积极性。

进入中国特色社会主义新时代，处理工农关系和城乡关系的财政安排，影响甚至决定着现代化的成败。习近平总书记指出，"在现代化进程中，如何处理好工农关系、城乡关系，在一定程度上决定着现代化的成败"①。2012年，党的十八大提出推动城乡一体化发展，坚持和完善农村基本经营制度，壮大集体经济实力。2014年，中央全面深化改革领导小组第五次会议指出，要在坚持农村土地集体所有的前提下，形成所有权、承包权、经营权三权分置和经营权流转的格局。2015年，中共中央办公厅、国务院办公厅印发的《深化农村改革综合性实施方案》提出，实行农村土地"三权分置"，开展农村土地征收、集体经营性建设用地入市和农村宅基地制度改革试点，稳步推进农村集体产权制度改革。2017年，党的十九大提出实施乡村振兴战略，深化农村集体产权制度改革。2019年，党的十九届四中全会强调深化农村集体产权制度改革，首次把农村集体经济发展上升到国家治理体系和治理能力现代化的高度。农民承包权能的拓展和农地承包产权的创新，是在土地集体所

---

① 《习近平谈治国理政》第三卷，外文出版社2020年版，第255页。

有大前提下充分赋予农民权利的改革措施，在乡村振兴背景下具有特定的时代意义，有利于不断增加收入，缩小城乡居民差距和推进城乡融合发展，为农业现代化、农民市民化奠定基础。

三、中国共产党人民财政观内涵丰富

以人民为中心是中国共产党人民财政观的核心理念，在这一理念之下，中国共产党人民财政观有着非常丰富而具体的内涵。

1. 财政是人民的财政

"人民性"对应于"阶级性"。在党的领导下，财政是人民的财政，不是某一个阶级、阶层或权势集团的财政，体现了财政的政治属性。中国共产党始终坚持"以人民为中心"的发展思想，彰显了"人民至上"的发展价值理念。我国作为社会主义国家，是以人民为中心的共同体，其价值取向必然是"人民至上"。人民是历史的创造者，是社会实践的鲜活主体，也是社会发展的最高价值主体。习近平总书记指出："人民立场是中国共产党的根本政治立场，是马克思主义政党区别于其他政党的显著标志。"[①] 人民性既是社会主义财政的根本属性，也是中国共产党"发展的人民性"的思想在财政领域的集中体现。这既是对我国传统民本思想的扬弃与升华，也是对马克思主义人民群众史观的继承和发展。

财政是人民的财政，强调了我国财政的主体——人民。"人民"是个集合概念，是众多人的集合体，具有特定的政治内涵，反映了一定社会的政治关系。"人民"虽然是由个人组成的，但它并不等于众多原子

---

① 《习近平谈治国理政》第二卷，外文出版社 2017 年版，第 40 页。

化个人的加总，而是按照特定政治关系和结构组成的有机整体。人民的财政，与现实的个人直接相关，但更关注的是从整体、长远来维护和保障人民利益，防范化解任何个体无法承担的公共风险。政党与人民的财政关系是政治的集中体现。"人民性"体现了中国共产党与人民的财政关系。从历史上来看，政党与人民的财政关系有两种情形：第一是为了人民、依靠人民；第二是压榨人民、剥削人民。中国共产党属于第一种情形，始终以人民为本位。民心是最大的政治，是最重要的政治资源。民心可以转化为财政资源，提升财政能力更好地服务于人民，替人民"消灾解忧"。"财政"二字中，"财"是"政"的外化，是政治意志和政治主张的集中体现。财政收支活动都是政治的体现，反映国家政策取向，对民心向背产生重大影响。现代国家政治，都是政党政治，观察一个政党的性质，财政是最重要的显示器。

以人民为中心的人民财政观，贯穿于中国革命、建设、改革和中国特色社会主义新时代治国理政的全过程，但不同时期的表现形式是不一样的。中国共产党之所以取得巨大成功，一条重要的经验是坚信人民群众是历史的创造者，任何革命，任何伟大的历史活动，只有代表群众的利益和唤起群众，才能获得成功。中国共产党始终考虑的是人民的利益，故而赢得了民心，财政动员和集中资源的能力大大增强。不管什么时期，民心作为政治资源，与财政资源互为条件、相互转化，是中国共产党团结带领人民取得胜利的根本保障。

2. 财政是人本的财政

"人本财政"对应于"物本财政"。以人民为中心的发展，蕴含着人本财政的逻辑。马克思在《资本论》里阐述了资本主义发生经济危机的原理：资本至上的逻辑必然导致无产阶级的贫困化。有钱的越有钱，没钱的越没钱。当大多数人穷，少数人富，生产出来的商品卖不出去，自然就会产生过剩的经济危机。中国共产党自成立的那一天起就是为人民谋幸福，这个初心就是人民立场和人民逻辑，体现的是以人民为中心的发展思想。中国共产党强调人民立场，坚持人民的主体地位，这不是一个简单的政治口号，而是涉及一个国家发展的方向，涉及社会的公平正义，涉及人民群众能不能共享发展成果。从根本上讲，也涉及所有人的自由全面平等发展。中国共产党始终强调，社会主义的本质要求是共同富裕，同时强调，发展要依靠人民。发展依靠人民，从发展经济学原理上看，就是广泛积累人力资本，积累更高质量的人力资本。只有国民素质提高，劳动力素质得到全面的提升，创造和创新才有广泛的社会基础，科技才能领先。从这个道理来讲，我们的发展要更多地依靠"人"，要依靠人民群众，而不是像过去一样主要靠资源的投入。从需求的角度来看，消费扩大升级，经济才有动力；也只有经过消费，即人的生产和再生产过程，国民素质才能全面提升，劳动者的技能极大提高，才能创造出优质的供给，共同富裕也就有了基础。

中国共产党以人民为中心的发展思想在财政上的体现，就是以人为本的财政，强调发展为了人民、发展依靠人民。我们当前强调"民生财政"的概念，就是进一步凸显人的发展。民生财政的核心是强调从物转到人，意味着财政立足于促进人的自身发展。经济的发展、社会的发展，最终都是为了人的自身发展。人的自身发展内涵丰富，包括人的身体素质越来越好、文化素质越来越高、劳动技能越来越强、精神境界和道德水准各方面都越来越高。以人为本的财政，围绕这些方面做文章，也就体现了发展是为了人民、发展是依靠人民的思想。国家用于教育、医疗、社会保障等这些方面与人自身发展直接相关的支出越来越多，这并不是我们传统意义上所理解的政府要提供更多的福利，而是通过公共消费提升人的能力，扩大提升人力资本的积累。经济建设更多地强调物的生产和物质资本的作用，而对消费特别是公共消费重视不够，以为消费就是纯粹的消耗，而没把消费当成人、劳动力的生产再生产过程和人力资本的积累。消费是对物质财富的消耗，但无论是私人消费还是公共消费都会转化成另一种资本，即人力资本。人或人民群众，既是发展的目的，也是发展的力量。

财政一方面连着效率，一方面连着公平。把公平和效率融合起来，只有中国共产党以人民为中心的发展才能做到这一点。发展是为了人民，这是目标，发展依靠人民，这是手段，手段和目标统一起来了，效率与公平也就统一起来了。人的能力提升，发展的后劲就会增强，人力资本更多，发展质量也更高。公平不仅体现在结果上，更重要的是起点的公平，而起点的公平取决于人的能力差距的缩小。财政通过提供公共服务，也就是公共消费，可以转换成人力资本。有了更雄厚的人力资本，经济社会的发展后劲就更强了，创新创业就有了基础。所以，当前不断强调的"民生财政"实际上体现的是人本财政，而人本财政蕴含着手段与目的的统一、公平与效率的融合。

3. 财政是公共性的财政

"公共性"的起因是"公共化"。"公共化"意味着"人类需要采取集体行动来解决公共事务的过程"①。公共化过程以公共风险为动力，以公共权力为依托。中国共产党是代表中华民族共同利益的政党，财政是社会共同利益的实现方式。在站起来、富起来和强起来的过程中，财政始终与民族复兴、国家发展和人民利益紧密相连，以集体行动的方式，为中国革命、建设、改革和中国特色社会主义新时代发展提供支撑，防范化解公共风险，化解国家整体危机，实现社会共同利益。

在革命战争时期，财政为夺取革命胜利争取民心，拓展广泛的群众基础，化解中华民族面临的巨大风险和危机。党领导武装斗争，反帝反

---

① 刘尚希：《公共风险论》，人民出版社 2018 年版，第 62 页。

"围剿",必须正确处理革命战争需要与根据地人民负担之间的关系。财政的重要功能不仅是为革命斗争筹集经费,更重要的是改变生产关系,调动人民群众支持革命、参加生产的积极性,发展经济,改善人民生活。一方面"取之于民",向农民和商人收税,向群众发行公债等;另一方面"取之于己",发展生产,保障供给。同时,以"取之于敌"为补充,打土豪筹款、缴获敌伪武器和财产等。

在社会主义革命和建设时期,财政为国家建设筹集资金和配置资源,化解"一穷二白"的民族生存危机。在社会主义革命和建设时期,需处理巩固国家政权与推动工业化建设之间的利益关系。新中国成立之初,百废待兴。"我们一为'穷',二为'白'。'穷',就是没有多少工业,农业也不发达。'白',就是一张白纸,文化水平、科学水平都不高。"①1956年毛泽东作《论十大关系》报告之后,开始探索适合中国国情的社会主义建设道路。财政主要任务是支持经济建设,通过建立"统收统支"财政体制保证国家集中力量办大事,实现了人民政权的稳定和巩固,也为建立国民经济体系和促进工业化提供了有力支撑。

在改革开放时期,财政为市场化改革奠基铺路,化解贫穷落后的"球籍"风险。贫穷落后,人民生活长期难以改善;综合国力不强,面临着被开除"球籍"的危险,这是全体中国人民面临的共同风险,也成为撬动中国改革开放最大的动力。"中国经济发展水平不仅同发达国家的差距进一步扩大,而且还被一些发展中国家和地区远远甩在了后面。关起门来搞不成现代化,中国的国门必须打开,不然就有被开除出球籍的危险。"②解决短缺问题的根本途径是提高生产力,提升经济效率,市场化无疑是唯一出路。要建立充满生机的社会主义经济体制,增强企业

---

① 《毛泽东文集》第七卷,人民出版社1999年版,第43—44页。

② 余玮:《邓小平和特区的故事》,《党史纵横》2008年第4期。

活力是经济体制改革的中心环节。财政率先改革，打破高度集中的统收统支体制，放权让利，调动企业和地方的积极性和主动性，为市场化改革奠基铺路。

在中国特色社会主义新时代的伟大实践中，财政为国家治理现代化提供支撑，防范全球百年未有之大变局的公共风险。国家发展的整体性特征日益凸显。经济社会发展，不只是经济增长，还包括结构、质量和效益，是整体性的全面发展；改革也是与此相适应，不只是经济改革，而是需要全面深化改革。一方面，推动财政与市场关系改革、财政与社会关系改革以及央地关系改革，提升应对风险、配置资源的能力；另一方面，走向大国财政，防范全球公共风险，应对百年未有之大变局的严峻挑战。

4. 财政是民主的财政

民主的财政是体现人民当家作主的财政，公开透明和人民参与是财政民主的基本要求。

财政向人民公开体现党的宗旨和要求，是民主财政的体现，也是防止少数人利用暗箱操作，谋取私利，损害国家和群众利益的必要条件。通过建立健全财政预算公开机制，公民依法行使财政预算知情权和财政支出监督权，参与财政预算的运作，有助于确保财政预算存在的合法性和合理性。同时，将完整的预算信息公开，也有助于公民更好地了解情况，提出诉求，督促政府及时回应，切实管好、用好财政资金，这本身就是一个民主互动的过程，是社会主义民主政治的体现。2014 年，习近平总书记在《关于〈中共中央关于全面推进依法治国若干重大问题的决定〉的说明》中特别强调，"全面推进政务公开，推进决策公开、执行公开、管理公开、服务公开、结果公开，重点推进财政预算、公共资源配置、重大建设项目批准和实施、社会公益事业建设等领域的政府信息公开"①。财政的公开透明推动"权为民所用，利为民所谋"的群众路线得到真正落实。中国共产党推动的财政透明系列行动，使得中国的财政越来越体现透明化趋势。中国逐步从法律法规角度对财政公开提出明确要求，硬化权力约束，公开的方式也更为多样化，使人民较大程度上实现了知情权、参与权、选择权和监督权。

权力的运行，需要多元化主体的参与，不仅需要政府和社会组织的参与，同时也需要个人的参与，只有通过人民参与将参与权力运行的各主体串联起来，才能够更好地监督权力的运行，构建国家发展的确定性。财政民主的首要问题莫过于花好人民的钱，其根本问题是在政府部门与人民群众之间建立一种健全的财政关系，不仅要求财政资金在预算分配中的公平和效率，体现公共理性，还强调人民参与的重要性，实现公共理性与民主参与的统一。公共理性的充分表达离不开预算的人民参与，人民参与的有效性则受到参与方式和过程的制约。财政民主通过积极主动地争取资金分配的权力，让人民参与资金分配过程，准确表达其对公共服务的需求，对预算决策产生实际影响，使人民财政的理念得到充分的实现。建党百年以来，中国共产党高度重视以制度保障人民参与，特别是我国的预算制度改革，充分体现了在公共权力授予机制上，人民有了更多的参与机会，享受到了更多的民主权利。在中国，人民代表大会制度是保障财政民主和人民参与最为重要的制度安排。《中华人民共和国预算法（2018修正）》明确规定了各级人大参与预算的权力，通过建立人大对政府预算的审查监督机制，向社会公众公开预算分配的标准、依据以及结果，从而来依法约束政府的预算行为，切实保障人民的监督权、知情权以及参与权。

---

① 习近平:《关于〈中共中央关于全面推进依法治国若干重大问题的决定〉的说明》,《人民日报》2014年10月29日。

5. 财政是约束公权的财政

法治的根本作用就是调整各种关系，保护人民的利益，而财政是法治的化身，其作用是约束公权，防止权力滥用。现代国家是通过预算约束公权。"钱"作为公共资源是"权"行使的基础，管住了"钱"，就能约束"权"。建党百年以来，中国共产党高度重视发挥财政监督的作用，约束和制约权力，确保权为民所用。从新民主主义革命时期发展到中国特色社会主义新时代，时代在变，历史任务在变，但是财政作为法治的化身作用未曾改变，即借助财政法治的作用，强化对"权力"运行的制约，防止公权滥用、不作为和乱作为。

从中华苏维埃共和国临时中央政府颁布的《中华苏维埃共和国暂行财政条例》到改革开放全面深化时期修订的新预算法等，我党特别重视财政监督制度的建设与完善。中华苏维埃政权建立初期，为规范财政管理，1931 年 12 月，临时中央政府颁布了《中华苏维埃共和国暂行财政条例》。该条例共 14 条，规定了苏区财政收入缴交、支出实行严格的预算和决算，严格履行领款程序和实行统一的簿记制度等。鉴于改革开放后经济体制转轨时期，一度出现违反财经纪律屡禁不止、经济领域腐败问题丛生，中央认识到要从制度建设下手开启"源头治理"。1998 年，中纪委第二次全体会议决定推行会计委派制——各级财政部门专门成立会计核算中心，在单位资金所有权、使用权和财务自主权不变的前提下，取消单位会计和出纳，各单位只设报账员，通过会计委派办理所有行政事业单位的会计业务，融会计核算、监督、管理服务于一体。虽然会计集中核算制被后来的"预算单一账户"等制度改革所取代，但这一由党的纪检部门推动的财政监督制度建设，对当时强化财经纪律、从源头遏制腐败问题上升势头所起的作用是不可低估的。党的十八大之后，作为财经领域重要法律的预算法于 2014 年和 2018 年两次完成修正。新预算法本质上是预算治理法，突破原法囿于管理的视野，在加强政府自我管理的同时，强调人大和社会的参与、制约和监督，开拓了以财政法治约束公权运行的新局面。

6. 财政是节俭和绩效的财政

节俭和绩效的财政指的是为人民花好用对每一分钱，勤俭节约，提高绩效。回顾中国共产党百年财政历史，无论是新民主主义革命时期"为革命的胜利与新中国的创造而节省一切可以节省的物质资财"，还是社会主义革命和建设时期"勤俭办一切事业""创立社会主义家业"；无论是改革开放时期"坚持艰苦奋斗这个传统，才能抗住腐败现象"，还是中国特色社会主义新时代"努力使厉行节约、反对浪费在全社会蔚然成风"，艰苦奋斗、厉行节约、反对浪费、预防腐败、追求绩效始终是中国共产党"财政为民"的基本理念。

在革命战争年代，由于经济和财政的紧张，节约每一个铜板是为着革命的胜利。"财政的支出，应该根据节省的方针。"[1] 关于这点，邓小平曾回忆，"毛主席在中央的会议上特别提出这一点，这是以后财政工作的关键。财政上的浪费是很大的"[2]。新中国成立后，特别是改革开放后，随着我国财政规模的不断壮大，如何用对每一分钱、提高财政资金绩效是非常重要的议题。所谓用对，首先是看方向是否对，是否是着眼于人的发展来花钱。与财政相关的所有制度安排，所有政策，包括目标取向，都应当以民生，即有利于人的生存与发展为出发点。民生不是个人生活要素的大杂烩，而是在更大程度上实现人的自由发展，使人得到更大程度的解放，免于各种风险的侵扰。[3]2018 年 9 月实行的《关于全面实施预算绩效管理的意见》是推动预算"花好用对"的重要文件，文

---

① 《毛泽东选集》第一卷，人民出版社 1991 年版，第 134 页。
② 《邓小平文选》第一卷，人民出版社 1994 年版，第 195 页。
③ 参见刘尚希：《民生财政是以人为本的财政》，《群言》2013 年第 2 期。

件明确要构建全方位预算绩效管理格局，实施政府预算绩效管理，将各级政府收支预算全面纳入绩效管理，提高保障和改善民生水平，确保财政资源高效配置。

第一章

人民性是财政的政治属性

　　财政，顾名思义有财亦有政，财政乃庶政之母，它是经济范畴，也是政治范畴，事关治国安邦、强国富民。宋代苏辙有云："财者，为国之命而万事之本。国之所以存亡，事之所以成败，常必由之。"这句经典之语揭示了财政之于政治的基础性作用。一个政权的根基在于人民，国家治理的基础是财政，财政坚持人民性，实际上体现了财政的政治属性。中国共产党从诞生之日起就把人民性注入筹款、筹粮的财政工作当中，并视为政治工作的一部分，坚持以民为本，从而赢得了人民群众百年来的支持和拥戴，团结带领中国人民实现了站起来并走向富起来和强起来，取得了全面建成小康社会的伟大成就，且朝着中华民族伟大复兴的中国梦而接续奋斗。

一、财政体现党的政治主张

　　中国共产党成立后，团结带领中国人民，创造了新民主主义革命、社会主义革命和建设、改革开放和社会主义现代化建设、新时代中国特色社会主义的伟大成就。在这一过程中，党始终重视财政的政治属性，制定实施的财政制度与政策，都同党在不同时期的政治主张高度统一、融为一体。

1. 党的初心一开始就注入财政之中

1921 年 7 月，中国共产党第一次全国代表大会的召开宣告了党的正式成立。中国共产党一经诞生，就把为中国人民谋幸福、为中华民族谋复兴确立为自己的初心和使命，点亮了实现中华民族伟大复兴的灯塔。党在成立伊始就把追求民族独立和人民解放的奋斗目标体现在财政上，鲜明地提出自己的财政主张，这些主张有个突出的特点就是同当时的政治担当和初心使命紧密结合在一起。这集中体现在三个方面：第一，坚决反对帝国主义通过干涉中国税制特别是关税对中国进行经济侵略，坚决反对军阀、土豪劣绅通过苛捐杂税剥削人民；第二，合理解决农村的土地和农民的税收负担问题；第三，明确提出改革税制的初步主张，主要是废除厘金和其他额外征税，征收累进的所得税。例如，1922 年 7 月党的二大通过的《中国共产党第二次全国大会宣言》，明确提出反帝反封建的财政主张，"废除丁漕等重税，规定全国——城市及乡村——土地税则；废除厘金及一切额外税则，规定累进率所得税；规定限制田租率的法律"。

第一次国共合作期间，中国共产党适应国内革命战争需要，领导农民进行反对贪官污吏、土豪劣绅和反抗苛捐杂税、高租高利的斗争。在这个过程中，党逐渐形成了建立工农联盟的政治理念，在发动领导农民运动中，不断深化对农民问题重要性的认识，党的二大、三大、四大都就农民问题专门作出论述或决议。1925 年，党的四大通过《对于农民运动之议决案》，提出"农民同盟军"概念，阐述了农民是无产阶级同盟军的原理。1926 年，在大革命洪流即将达到高潮时，毛泽东发表《国民革命与农民运动》，明确指出农民力量是中国革命的主要力量，要依靠农民建立以农民为主体的人民军队开展武装斗争，走农村包围城市、武装夺取全国政权的道路。1927年，毛泽东在《湖南农民运动考察报告》中再次强调了农民问题的重要性，认为"农民成就了多年未曾成就的革命事业，农民做了国民革命的重要工作"，并明确提出"组织起来"的口号："站在他们的前头领导他们呢？还是站在他们的后头指手画脚地批评他们呢？还是站在他们的对面反对他们呢？每个中国人对于这三项都有选择的自由，不过时局将强迫你迅速地选择罢了。"①

2."隐形财政"是财政政治属性的外化

财政就像隐藏于人体的血液，极为重要，但发挥作用是内在的，是开启人体各项功能的隐形密码。财政的人民性和政治属性，往往悄无声息，既有摆在明面的收支，也有无形的活动。我们常见的不过是收支账目上的数字，这是显性财政。除此之外，还有为数庞大的"隐形财政"，即老百姓的钱物人力支持和各种无偿援助，包括人民群众在兵力上给予人民军队的补给、自愿送粮送衣送药、无偿的民工支援等，这种"隐形财政"在革命战争年代尤为突出，是人民财政的典型表现形式，也是财政政治属性的外化。如果没有"隐形财政"的支撑，我们党的财粮供应就很难有保障，革命战争也很难取得胜利。

哈达铺位于甘肃省陇南市宕昌县西北部，是西北入川的战略要地和隘口。1935年至1936年间，中国工农红军红一、二、四方面军先后到达哈达铺，得到了困顿至极后的物资兵源补充："200000斤粮食、20000斤食盐、7000双布鞋……这张名为《哈达铺1935年9月支援红一方面军物资统计》的表格，张贴在哈达铺红军长征纪念馆内。"②

---

① 《毛泽东选集》第一卷，人民出版社1991年版，第18—19、13页。
② 梁军等：《一张表格背后的红军成功密码》，2019年8月18日，见 http://www.xin-huanet.com/politics/2019-08/18/c_1124889893.htm。

全民族抗战时期,以延安为中心的党中央所在地陕甘宁边区,面临极度困难的局面,山东招远玲珑金矿及胶东根据地军民为党中央筹集、输送的 13 万两黄金,对缓解延安经济困境起到重要作用。1939 年 2 月,日军攻占招远县城,占领玲珑金矿。为夺取宝贵的黄金资源,中共胶东特委成立"采金管理委员会",潜伏在玲珑金矿,在矿工中成立组织,领导矿工与敌人进行"头脑游击战",采用许多巧妙的方式将金矿石、矿粉偷运出来,集中加工成金条,将大量黄金转运到延安。抗战时期输送到延安的 13 万两黄金是什么概念? 1943 年,山东革命根据地财政收入折合成黄金约为 47007 两,是输送到延安的黄金的 36.2%。与陕甘宁边区财政收入比较,13 万两黄金约为边区 1943 年财政收入的 7 倍,折合成粮食在当时可以购买约 5.99 亿斤小米、6.5 亿斤高粱、4.99 亿斤小麦。

解放战争时期,消耗巨大的战争对刚刚取得抗战胜利的解放区来说,其筹钱筹粮的财政压力前所未有。但我们党通过土地改革等措施实现了耕者有其田,解放和发展了解放区生产力,更获得了广大人民群众的支持,解放区军民如一家,老百姓自愿组织支前民工队伍,以"最后一把米,用来做军粮,最后一尺布,用来做军装,最后的老棉被,盖在担架上,最后的亲骨肉,含泪送战场"的胸怀,舍生忘死无偿支援前线。据统计,淮海战役期间,华东、中原、冀鲁豫、华中四个解放区前后共出动民工 543 万人,动用担架 20.6 万副,车辆 88 万辆,挑子 30.5 万副,牲畜 76.7 万头,共向前线运送 1460 多万吨弹药、9.6 亿斤粮食等军需物资。在淮海战役中,表面上是解放军以 60 万兵力对国民党军队 80 万,实质上是 500 多万军民齐心协力打 80 万孤立涣散之敌,人民解放军参战兵力与支前民工的比例高达 1∶9。淮海战役的胜利,充分证明了人民战争的伟力存在于民众之中,依靠人民群众,得到人民群众的拥护和支援,是战争胜利的保证和源泉。陈毅同志在总结淮海战役成功经验时,留下了一句精辟的话语:"淮海战役的胜利,是人民群众用小车推出来的。"人民群众的小推车实质上是隐形的财政供给。这种难以用数字计量的财政形态，比货币化的财政供给要多得多。我们党依靠这样的"隐形财政"支撑，打败了依靠税收、美援的国民党军队。这显示出人民财政的强大动员能力和集中社会资源的能力，这种能力一直延续到新中国成立之后的工业化建设和改革开放时期。

二、党和人民的财政关系是政治的集中体现

《尚书》有云："民惟邦本，本固邦宁。"财政是连接党和人民的枢纽，体现政党的性质。历史上的政治变迁往往始于财政。无论是我国古代王朝的兴衰更迭，还是西方资产阶级革命，都肇始于财政问题。财政事关政治权力的分配和基于利益分配的民心向背。一个政权唯有处理好与人民的财政关系，才能有根基、有希望，并不断巩固壮大。中国共产党来自人民、植根人民、服务人民，党的一切财政政策都是以人民为中心，正是坚持了人民至上的理念，中国共产党才克服了不同历史时期的财政困难，甚至化解了一度遇到的严重财政危机，同时，赢得了民心，从而取得一个又一个胜利。

1. 民心向背在于财政的价值理念

毛泽东说过："人民，只有人民，才是创造世界历史的动力。"[1] 习近平总书记也指出："人民对美好生活的向往，就是我们的奋斗目标。"[2] 领袖人物的经典语录揭示了民心是最大的政治。从中国数千年文明来看，民

---

[1] 《毛泽东选集》第三卷，人民出版社 1991 年版，第 1031 页。

[2] 中共中央文献研究室编：《十八大以来重要文献选编》（上），中央文献出版社 2014 年版，第 70 页。

本思想源远流长，得民心者得天下，失民心者失天下，成为颠扑不破的真理。民心向背如何，往往取决于当政者怎么去处理其与人民的财政关系。

历数中国的王朝更迭，政治腐败、罔顾百姓，往往是王朝灭亡的主要原因，一声声覆亡后的叹息，印证了"水能载舟，亦能覆舟"的道理。民本思想发端于商周交替之时，春秋战国时正式形成。自秦代之后，历经漫长的古代社会，民本思想一直得到传承。历史上的历次财政改革，可以说都是以民为本的典范，如汉代轻徭薄赋带来"文景之治"；如唐朝的"均田制"和"租庸调制"使唐代成为中华文明的一座丰碑；如清代"永不加赋""摊丁入亩"带来"康乾盛世"。1840 年鸦片战争后，中国近代百年史，无论是晚清政府还是北洋政府，都未能很好地贯彻以民为本的理念，结果丧失统治根基，政权最后走向灭亡。南京国民政府 1927 年成立后，尽管有过"黄金十年"的开局，但统治者代表大资产阶级利益，无视人民利益，加之在面临日军侵略时不敢为民担当，反而一味"安内"，民心朝着新生的中国共产党靠拢，导致国民党彻底失败。

2. 财政的人民性是党在政治上赢得民心的基础

政党和人民的财政关系是政治的集中体现。党的人民观在财政上体现为人民财政观，财政的人民性使民心转化为最重要的政治资源，成为中国共产党取得革命胜利的关键。过去，我们对政党和人民财政关系的认识更多是从阶级性角度探讨的，从学术角度来看，这种阶级性反映的是一个政党和人民的财政关系：是依靠人民、为了人民，还是背离人民？不同的答案决定了财政的政治属性。建党百年以来，中国共产党之所以从胜利不断走向胜利，关键在于真正做到了"一切为了人民，一切依靠人民"。这种政党和人民的财政关系体现了一种新的政治理念和制度设计。①

在党的百年奋斗史中，党的财政观有一个突出的特征就是人民性，这是由党的根本宗旨决定的。革命时期，中国共产党处于财政经济极端困难的环境中，为了完成革命任务，必须团结带领人民，财政上取之于民。但共产党人深深知道，革命是为了人民，财政支持民生改善，不过度加重民负，是财政人民性的体现，也是赢得民心的根本保障。

土地革命时期，党在红色苏区强调"合理负担"，强调税收的阶级性，"重担归于剥削者"。邓小平在晋冀鲁豫根据地提出，我们的负担政策实行的是"钱多多出、钱少少出"原则，是量入为出与量出为入的配合，既照顾人民的负担能力，又照顾抗战的需要，所有政策"都是为着这个目的：减轻人民的负担"②。全民族抗战时期，党的抗日根据地处于极为艰苦的环境，财政经济陷入困境，但共产党人没有想着增加取之于民，而是尽可能减轻对人民的索取。毛泽东不止一次地强调这一点。1942 年他就指出："不顾人民困难，只顾政府和军队的需要，竭泽而渔，诛求无已。这是国民党的思想，我们决不能承袭。"③"虽在困难时期，我们仍要注意赋税的限度，使负担虽重而民不伤。"④1945 年他又说："扩兵是必要的，但决不可超过人民财力负担的限度。收集物资也是必要的，但决不可只顾军队，不顾人民，尤不可损害人民利益。"⑤

厉行节约是以民为本、减少取之于民的必要手段。财力的增长，无非开源节流，节流自然可以减少对人民的索取，这是以民为本的必然。厉行节约，本身是做减法，但节约的结果是为财力增长作贡献，本质上又是做加法，这是辩证的。无论是哪种形式的厉行节约，根本出发点都

---

① 参见刘尚希：《百年大党的"人民财政观"》，《中国财经报》2021 年 8 月 12 日。
② 《邓小平文选》第一卷，人民出版社 1994 年版，第 82 页。
③ 《毛泽东选集》第三卷，人民出版社 1991 年版，第 894 页。
④ 《毛泽东选集》第三卷，人民出版社 1991 年版，第 895 页。
⑤ 《毛泽东文集》第三卷，人民出版社 1996 年版，第 455 页。

是尽量减少取之于民,"为着改善人民群众的生活"①,这充分体现了共产党财政的"人民性"特征。此外,还创造性地开展了"取之于己"的大生产运动,通过"自己动手"的方式减轻农民负担。实行生产自给政策后,陕甘宁边区财政收入主要依靠机关部队学校的自给,取之于民随之大大减少。经费开支方面,1944 年中直系统自给部分占 65.6%,政府发给的占 34.4%;边区部队自给已达全部费用的 71.8%,政府发给的仅占 28.2%。② 由于执行了毛泽东"自己动手,生产自给"的方针,部队机关学校的生产自给总数高达 38 亿多元,创造了历史上空前未有的奇迹。③

3.人民利益至上是处理好党和人民财政关系的要义

自艰苦卓绝的革命斗争到全面建成小康社会,中国共产党坚持人民至上的财政观,依靠亿万人民的支持,取得了举世瞩目的成就。民心是最大的政治,要得到人民的长期支持,处理好党与人民的财政关系至关重要,而始终保障和维护好人民切身利益是其核心要义。

新中国成立后,新生的人民政权十分注重人民的所急所盼,力争减轻人民负担,提高人民生活水平。1950 年,毛泽东在《为争取国家财政经济状况的基本好转而斗争》中指出:"巩固财政经济工作的统一管理和统一领导,巩固财政收支的平衡和物价的稳定。在此方针下,调整税收,酌量减轻民负。"④1952 年,他又指出:"过去因负担太重无以为生的农民,必须切实解决救济问题;今年征粮必须不超过中央规定的比

---

① 《毛泽东选集》第一卷,人民出版社 1991 年版,第 119 页。

② 中华人民共和国财政部《中国农民负担史》编辑委员会编著:《中国农民负担史》第三卷,中国财政经济出版社 1990 年版,第 264 页。

③ 西北财经办事处:《财政工作总结》,1944 年 2 月。

④ 《毛泽东文集》第六卷,人民出版社 1999 年版,第 70—71 页。

率，大大减轻民负。"①1954 年，邓小平针对教师待遇问题提出："现在要普遍提高他们的工资待遇是很困难的，但是真正有本领的教授、副教授，高级工程师，高级医生，以及其他方面的高级专门人才的工资待遇，应该提高。"②1956 年，毛泽东在《论十大关系》中详细阐述了国家与农民的关系："我们对农民的政策不是苏联的那种政策，而是兼顾国家和农民的利益。"③

改革开放后，邓小平提出"三个有利于"思想，将党的财政经济政策的好坏与人民利益直接关联起来。1980 年，邓小平说："社会主义经济政策对不对，归根到底要看生产力是否发展，人民收入是否增加。这是压倒一切的标准。空讲社会主义不行，人民不相信。"④1982 年，他又指出："国家这么大，这么穷，不努力发展生产，日子怎么过？我们人民的生活如此困难，怎么体现出社会主义的优越性？……社会主义必须大力发展生产力，逐步消灭贫穷，不断提高人民的生活水平。"⑤针对教师工资偏低的问题，他在全国教育工作会议上的讲话中指出："要研究教师首先是中小学教师的工资制度。要采取适当的措施，鼓励人们终身从事教育事业。"⑥随着社会主义市场经济的发展和国家经济实力的壮大，党中央进一步形成了"立党为公，执政为民"的思想。2003 年，胡锦涛在赴西柏坡参观调研时发表了重要讲话，阐述了"权为民所用，情为民所系，利为民所谋"的观点，而这一时期的"让公共财政阳光普照大地"的财政观正是在公共财政基本框架构建进程中响应中央精神的结果。

---

① 《毛泽东文集》第六卷，人民出版社 1999 年版，第 241 页。
② 《邓小平文选》第一卷，人民出版社 1994 年版，第 210 页。
③ 《毛泽东文集》第七卷，人民出版社 1999 年版，第 30 页。
④ 《邓小平文选》第二卷，人民出版社 1994 年版，第 314 页。
⑤ 《邓小平文选》第三卷，人民出版社 1993 年版，第 10 页。
⑥ 《邓小平文选》第二卷，人民出版社 1994 年版，第 109 页。

进入中国特色社会主义新时代，以习近平同志为核心的党中央更加注重民生。民生工作面广量大，所需资金庞大，财政既要积极作为，在经济发展的基础上不断加大保障民生力度。[①] 坚持以民为本的理财观，既要尽力而为通过减税降费尽可能减少取之于民，又要量力而行地保障和改善民生，践行"为民服务"的宗旨。习近平总书记还从社会公平正义的角度论述了民生财政问题。他指出，"蛋糕"不断做大了，同时还要把"蛋糕"分好。我们要在不断发展的基础上尽量把促进社会公平正义的事情做好，既尽力而为又量力而行，努力使全体人民在幼有所育、学有所教、劳有所得、病有所医、老有所养、住有所居、弱有所扶上不断取得新进展。[②]

三、财政的政治属性源自党的领导

财政是利益分配的耦合器，通过财政调整利益关系反映的是执政者的政治意志和为人民防风险、谋幸福的最终目的，这就决定了财政具有重要的政治功能。回顾百年党史，坚持党对财政的领导，以财政改革调节利益关系从而化解公共风险，是保障政治稳定的基本经验。

1. 财政与政权具有共生性

新中国成立后，中国共产党从红色区域政权的领导者转变为全国的执政党，党的历届领导人始终重视财政的政治属性和政治功能，强调财政不是一个部门问题，而是一个全局问题，不仅是经济问题，更

---

① 参见《习近平总书记重要讲话文章选编》，中央文献出版社、党建读物出版社 2016 年版，第 274—275 页。

② 参见《习近平谈治国理政》第三卷，外文出版社 2020 年版，第 18 页。

是实现国家职能的基础，这从党的几代领导人朴实的话语中可以找到注解。

毛泽东在新中国成立伊始就曾说过："国家的预算是一个重大的问题，里面反映着整个国家的政策，因为它规定政府活动的范围和方向。"[①]1954 年，邓小平在任政务院副总理兼财政部部长时明确指出：财政工作一定要有财有政，切不可有财无政。要懂得数字中有政策，决定数字就是决定政策。"数目字内包括轻重缓急，哪个项目该办，哪个项目不该办，这是一个政治性的问题。"[②]他特别强调，财政工作要有全局观念，"财政部门是集中体现国家政策的一个综合部门"，"要看到大事，要有战略观念"。[③]1955 年，李先念提出："财政工作是一项综合性的工作，并且具有很大的政治性。国家财政体现着党的各个方面的政策，关系到国家建设的各个方面，关系着各个阶级及各个民族的切身利益。"[④]

改革开放以来，党的领导人对财政的本质内涵认识进一步深化。江泽民指出："财政，是国家的一项重要职能，是国家政权活动的一个重要方面。财税政策，是国家宏观调控的一个主要手段。财力的强弱，对国家的强盛和安全会产生重大影响。"[⑤]胡锦涛指出，财税工作是党的事业和政府工作的重要组成部分，预算里面体现了党和政府的政策和宏观调控意图，数字里包含了政治。[⑥]

党的十八大以后，习近平总书记在新时代中国特色社会主义实践探索的基础上，科学总结并进一步深化了对财政建设规律的认识，提出

① 《毛泽东文集》第六卷，人民出版社 1999 年版，第 24 页。

② 《邓小平文选》第一卷，人民出版社 1994 年版，第 193 页。

③ 《邓小平文选》第一卷，人民出版社 1994 年版，第 199、200 页。

④ 《李先念论财政金融贸易》上卷，中国财政经济出版社 1992 年版，第 72—73 页。

⑤ 《江泽民文选》第二卷，人民出版社 2006 年版，第 509 页。

⑥ 参见胡锦涛：《领导干部要认真学习财税知识　增强驾驭社会主义市场经济的能力》，载财政部办公厅、国家税务总局办公厅编：《建立稳固　平衡强大的国家财政——省部级主要领导干部财税专题研讨班讲话汇编》，人民出版社 2000 年版，第 34—35 页。

"财政是国家治理的基础和重要支柱，科学的财税体制是优化资源配置、维护市场统一、促进社会公平、实现国家长治久安的制度保障"[①] 的重要论断，使我们党对中国特色财政建设规律的认识上升到全新的高度和境界。

从党的领导人这些话语当中可以看出，财政问题本身是一个全局性问题，关乎治国理政，财政治理决定着国家治理的效能。

2. 把党的主张转化为财政政策

财政的政治属性以及财政与政权的共生性，决定了必须坚持党对财政工作的领导。党对财政工作的领导，就是把党的主张转化为财政政策，这从党领导的财政机构变迁中可以得到体现。自土地革命时期的财政人民委员部，到今天的中央财经委员会，党的财政领导机构可以说是一脉相承、薪火相传。

1937 年全面抗战后，党在敌后建立了 19 个抗日根据地，各根据地也有相应的财政机构，只是囿于抗战环境，未能形成统一的党的财政领导机构。1939 年 1 月，根据中央书记处决定，成立中央财政经济委员会，林伯渠任主席，李富春、曹菊如任副主席，林伯渠、李富春、叶季壮、曹菊如、高自立、邱会作、李六如、刘景范、周文龙任委员。1941 年 6 月，中共中央政治局会议决定改组财政经济委员会，林伯渠任主席，林伯渠、朱德、任弼时、李富春、高岗、南汉宸任委员。[②] 这是抗战期间初建的中央层面的党的财政机构。

解放战争时期，随着中国共产党领导全国人民逐渐取得胜利，党开始着手建立统一的财政机构。1947 年 4 月，华北财经办事处正式成

---

① 《习近平谈治国理政》第一卷，外文出版社 2018 年版，第 80 页。

② 中国中共党史学会编：《中国共产党历史组织机构辞典》，中共党史出版社、党建读物出版社 2019 年版，第 26 页。

立，驻地在河北平山县夹峪村，董必武任主任。办事处先后从晋察冀边区银行抽调了十几名干部，为组建中国人民银行、发行统一货币做筹备工作。1948 年 6 月，中共中央财政经济部正式成立，董必武任部长。1948 年 9 月华北人民政府成立后，随即设立华北财经委员会，负责制定金融、贸易、商业税收等政策。1949 年 7 月，中央财政经济委员会（中财委）成立，陈云任主任，由中共中央财政经济部与华北财经委员会合并组成。

1949 年新中国成立后，党领导财政工作沿袭了革命时期的传统。1957 年 1 月，中共中央发出《关于成立中央经济工作五人小组的通知》，由陈云、李富春、薄一波、李先念、黄克诚组成，陈云任组长，在中央政治局领导下，统一领导全国的经济工作。1958 年，成立中央财经小组，不是根据中央决策统一领导国家经济工作的机关，而是一个咨询机构。"文化大革命"期间，该中央财经小组停止工作。

改革开放后，中央财经小组的工作得以恢复并发展。1980 年 3 月 17 日，中共中央政治局常委会决定，撤销国务院财政经济委员会，成立中央财经领导小组。1989 年 7 月 28 日，中共中央决定撤销中央财经领导小组，直到 1992 年 12 月 28 日才恢复设置。

进入中国特色社会主义新时代，加强党的领导成为治国理政的重要原则，中央财经领导小组也步入新征程。2018 年 3 月，中央财经领导小组改为中央财经委员会，作为中共中央直属议事协调机构，习近平总书记亲自担任主任。《中央财经委员会工作规则》强调，要加强党中央对经济工作的集中统一领导，做好经济领域重大工作的顶层设计、总体布局、统筹协调、整体推进、督促落实。

3. 理顺财政关系是保障政治安全的前提

财政是贯穿国家治理的主线，是各种利益的中枢。党的百年发展史，无论在哪个阶段，政权的生存与稳固都是党的事业的首要前提，在政治安全面临风险时，我们党总能适时调整理顺财政关系，化解执政风险，确保党的事业持续健康发展。

土地革命时期，国民党对党的苏区政权进行多次军事"围剿"和经济封锁，分散的红色政权经济落后，时刻面临被消灭的危险。中华苏维埃财政一方面取之于敌，"打土豪、分田地"，一方面取之于民，依靠土地税和公债筹集粮款，从而支持了武装斗争和土地革命的进行，保住了岌岌可危的中华苏维埃政权。全民族抗战时期，在国民政府停止发放抗日军饷的艰难形势下，抗日根据地的边区政府及时调整财经政策，创造性地开展大生产运动，保障了抗日民主政权巩固发展。解放战争时期，面对消耗巨大的战争，共产党人通过土地改革彻底解放了农民，获得了人民的大力支持，解放战争成为一场人民战争，最终促进了中国共产党夺取政权成为执政党。

新中国成立之初，"一穷二白"的形势决定了财政的主要任务是恢复国民经济，巩固新生的人民政权，让中国人民不但站起来还要站得稳。为取得全国的解放，支援伟大的抗美援朝战争，建立一定的国防基础，财政对国防费的拨款比重较大。国家财政贯彻"边打、边稳、边建"方针，想方设法筹集资金，保障战争供给。1950—1953年，国防支出占当年财政支出的比重分别为41.1%、43.0%、32.9%、34.2%。[1]"一五"期间，国家财政通过自力更生发展生产、厉行节约等措施，为工业化筹集建设资金达1241.75亿元[2]，有力地保证了"一五"计划的胜利完成，为我国实现社会主义工业化奠定了基础。"一五"计划的156个大型建设项目遍布国防工业、机械工业、电子工业、化学工业和能源工业等各个方面，搭起了我国整个工业化的骨架，我们打赢了"工

---

① 财政部综合计划司编：《中国财政统计（1950—1991）》，科学出版社1992年版，第13、108页。

② 谢旭人主编：《中国财政60年》上卷，经济科学出版社2009年版，第96页。

业化奠基之役"。工业化奠基和随后的"两弹一星"成功，使党的新生政权得以巩固并屹立于东方，国际地位显著提高，中华人民共和国在联合国的一切合法权利于1971年得以恢复。正如邓小平所说，"如果六十年代以来中国没有原子弹、氢弹，没有发射卫星，中国就不能叫有重要影响的大国"[①]。

改革开放后，过去集权体制下地方、农民、企业等缺乏积极性成为影响国民经济发展和考验党的执政能力的主要问题。财政担当了经济体制改革"排头兵"的角色，为计划经济向社会主义市场经济体制转型铺平了道路。1992年，党的十四大提出建立社会主义市场经济目标后，因包干制妨碍全国统一市场的形成，为此财政再次作为改革突破口，从放权改革走向分权改革，通过一系列的制度创新，基本理顺了中央与地方的分配关系，为国家发展提供了新动力，促进了国民经济和财政收入的增长，国家经济实力迅速提升。到了20世纪末，因公共财政缺位导致的城乡、区域不平衡问题凸显，国家治理面临新的考验。为此，以1998年提出建立公共财政体系为标志，财政开始构建以支出改革为重心的体现公共性的运行框架。通过深化改革，"缺位"的问题得到基本扭转，各级财政用于社会性、公共性支出的比重不断提高，民生财政建设初显成效。

进入中国特色社会主义新时代，面临新的社会矛盾和实现全面建成小康社会的第一个百年奋斗目标的压力，党中央赋予财政更为重大的使命与责任，9899万人的脱贫，以农业农村现代化为目标的乡村振兴战略，以人为核心的新型城镇化，财政的职能由经济视域、社会视域逐步转到国家治理视域，为发挥在国家治理中的基础作用而持续发力。

---

① 《邓小平文选》第三卷，人民出版社1993年版，第279页。

四、党和人民的财政关系，其核心是农民问题

中国共产党是世界上最大的执政党，农民在很长时期是中国最大的社会群体，二者之间的关系对中国的政治具有重大影响。从某种程度上讲，党和人民的财政关系最主要的就是党和农民的财政关系。我国目前的城镇化率超过 63%，而按照户籍统计的农村人口仍达到 55%，进城务工的近 3 亿农民工仍未完全实现市民化，户籍上仍是农民身份，尚未真正享受和市民一样的公共服务待遇。从百年党史来看，党和农民的关系是中国社会的核心问题。在财政上如何处理党和农民的关系，这既是政治问题，也是经济社会问题，在过去、当下和未来都至关重要。破解城乡二元结构、推动进城农民市民化，是促进共同富裕，建成现代化强国的必由之路。

1. 减轻民负，一直是中国政治的历史主题

从历朝历代来看，凡是减轻民负的时期，都是历史上发展得最好的时期，如文景之治、贞观之治、洪武之治和康乾盛世，都是财政实行轻徭薄赋，减轻民负；反之，凡是苛捐杂税繁重、民生凋敝的时期，都是社会动荡、民乱四起的时期。历代成功的统治者都注重处理好与农民的财政关系。

在革命时期，中国共产党面临十分困难的经济局面，但仍然尽可能减少对农民的索取，做到"取之于民而民不伤"。党中央采取了一系列减轻农民负担的措施：(1) 减免农民税收。1931 年 11 月，中华苏维埃共和国临时中央政府通过决议，颁布了《中华苏维埃共和国暂行税则》，其中规定"遇有水旱等灾或遭受敌人摧残的区域，按照灾情轻重免税或减税"。(2) 规定负担人口与军政人员比例。1940 年，中央提出要控制

养兵数量，根据地全部脱离生产人员不能超过当地居民 3%。1941 年精兵简政后，中央军委又重申了这一规定。(3) 控制赋税限度。1939 年，中央提出农业税收入以保障军粮供给为原则，公粮征收总额以不超过农业产量的 10% 为限。1941 年，由于财政经济困难，各根据地增加了粮赋征收额，中央电示各地要将公粮征收总额控制在农业总收入的 20% 以内。(4) 农民负担固定几年不变。1942 年，毛泽东在中共中央西北局高级干部会议上提议，自 1943 年起，陕甘宁边区每年征收公粮 18 万担，以后若干年内固定这个数目，这个数目之外的一切增产概归农民，使农民好放手发展自己的生产，改善自己的生活，丰衣足食，穿暖吃饱。①

新中国成立后，为减轻农民负担，1952—1957 年，农业生产总值增长了 24.8%，而农业税总额却一直稳定在 30 亿元左右。农民的整体负担占农业总产值的比重由 1952 年的 7.1% 下降到 1957 年的 6.4%。②1961 年 6 月，中共中央批转财政部《关于调整农业税负担的报告》，根据财政部的建议，降低了农民的税收负担，把当年农业税年征收任务调减为 222 亿斤（细粮），并按照这个水平，一直稳定未变。同时，国家又减少了粮食统购的数量。国家征收的粮食和统购的粮食加在一起，按贸易粮计算，1960 年为 856 亿斤，1961 年减少为 679 亿斤；1962 年又进一步减少为 639 亿斤。征购数量的减少，减轻了农民的负担，增加了农民的粮食留量。③

改革开放初期，为促进农民积极性，国家大幅提高农副产品收购价。从 1979 年夏收开始，国家提高了粮、棉、油等 18 种农副产品的收

① 参见中华人民共和国财政部《中国农民负担史》编辑委员会编著：《中国农民负担史》第三卷，中国财政经济出版社 1990 年版，第 202—205 页。

② 参见《当代中国》丛书编辑部：《当代中国财政》（上），中国社会科学出版社 1988 年版，第 120—121 页。

③ 参见宋新中主编：《当代中国财政史》，中国社会科学出版社 1997 年版，第 290 页。

购价格，平均提高 24.3%。这是新中国成立后农副产品提价幅度和提价范围最大的一次，极大地调动了农民发展生产、踊跃交售农副产品的积极性。[1] 此间国家财政还增加了发展农业的投入。1979 年国家支援农业的各项资金安排达 174 亿元，1980 年在财政十分困难的情况下，国家仍安排了支援农业的各项资金达 150 亿元。2000 年开始的农村税费改革，全面取消农业税、"三提五统"和农村教育集资等各项税费，大幅度减轻农民负担。据统计，2006 年取消农业税后，与改革前的 1999 年相比，全国农民减负总额约 1250 亿元，人均减负约 140 元。[2]

进入中国特色社会主义新时代，民生财政建设转向人民对美好生活的向往。支持脱贫攻坚战，支持全面建成小康社会。支持全面实施乡村振兴，完善社会保障和就业体系，推动教育均衡化发展，加强基本住房保障，支持生态环境建设，人民的获得感、幸福感逐渐提升。2013—2020 年，中央、省、市县财政专项资金累计投入近 1.6 万亿元，其中中央财政累计投入 6601 亿元，使 9899 万贫困人口摆脱了贫困，啃下了绝对贫困这块"硬骨头"。

2. 改革农村土地所有制方式，激发农民内生动力

土地是农民的核心利益，土地问题本质上也是财政问题。中国共产党建立红色政权后，第一件大事就是解决农民土地问题。土地革命时期，党实行了"打土豪、分田地"政策，实现"耕者有其田"。全民族抗战后，在抗日民族统一战线下，转而实行减租减息政策。解放战争后，党通过彻底的土地改革，实现了全体农民"耕者有其田"的梦想。1947 年，全国土地会议通过了《中国土地法大纲》，此后各解放区掀起

---

① 参见左春台、宋新中主编：《中国社会主义财政简史》，中国财政经济出版社 1988 年版，第 431—439 页。

② 参见谢旭人主编：《中国财政 60 年》下卷，经济科学出版社 2009 年版，第 559 页。

了声势浩大的土地改革热潮。由此使战争、政权、政府、财政的性质发生质变，人民性得到充分体现。

新中国成立后，国家废除了土地地主私有制，建立起土地农民所有制，国家先后颁布了一系列政策文件推动土地改革运动。1950 年国家颁布《中华人民共和国土地改革法》，明确规定土地改革的目的是"废除地主阶级封建剥削的土地所有制，实行农民的土地所有制，借以解放农村生产力，发展农业生产，为新中国的工业开辟道路"。这一时期，土地所有权和经营权高度统一于农民，农民既是土地的所有者，又是土地的自主经营者。从 1953 年开始，为了建设国家工业化，党领导国家开始社会主义改造。从 1958 年开始，在全国掀起了人民公社化运动，建立了政社合一的人民公社体制，一直延续到改革开放前。

1978 年改革开放后，我国农地产权制度也发生了深刻变革，以农地集体所有、家庭联产承包经营为主要内容的新的产权制度确立。从安徽小岗村悄悄"包产到户"，到 1983 年《当前农村经济政策的若干问题》肯定联产承包责任制，产权的创新赋予农民财产权利，大大刺激了农民的生产积极性。2002 年颁布的《中华人民共和国农村土地承包法》第一次以法律的形式保障了农民的土地承包经营权。2004 年《宪法修正案》明确"农村集体经济组织实行家庭承包经营为基础、统分结合的双层经营体制"，我国农地承包产权形式加速创新。2005 年 3 月，我国开始实行《农村土地承包经营权流转管理办法》，鼓励农村土地承包经营权有序流转。2015 年，中共中央办公厅、国务院办公厅联合印发《深化农村改革综合性实施方案》，提出实行农村土地"三权分置"，开展农村土地征收、集体经营性建设用地入市和农村宅基地制度改革试点，稳步推进农村集体产权制度改革。2019 年党的十九届四中全会强调深化农村集体产权制度改革，首次把农村集体经济发展上升到国家治理体系和治理能力现代化的高度。

农民承包权能的拓展和农地承包产权的创新，是在土地集体所有制前提下，实现了集体所有权的结构化和社会化，使农民获得了除所有权之外的财产权利，如使用权、处分权和收益权，是农村集体所有制的重大改革，为农村经济发展注入了动力。

3. 破除城乡分治，"让亿万农民在共同富裕的道路上赶上来"

进入中国特色社会主义新时代，我国社会主要矛盾发生了变化，不平衡、不充分的发展，更多地体现为城乡发展的不平衡和农业农村农民发展的不充分，而城乡分治造成的城乡差距和贫富差距是主要根源。这种二元结构包括经济、社会、财政层面的二元化，并形成一个相互嵌套的体系。通过市场化改革和市场经济的发展，近年来我国经济的二元结构逐步破解，但社会的二元结构和财政的二元结构依然存在，对现代化进程带来的制约日益明显。

城乡社会的二元结构，主要是指居民的户籍身份以及由此带来的各种待遇差异。户籍在就业、工作以及公共服务等方面存在严重的不包容。换言之，仍存在群体性的社会不平等，我国近 3 亿农民工处于一种漂移的状态，他们的就业是不稳定的，劳动技能不能得到积累，收入水平也难以提高，企业招工、培训的成本也因此增大了。[①] 农民工，作为生产要素可以流动，但是人口、家庭作为社会成员的迁徙还有层层障碍。即使在城市工作、生活，从公共服务来看，农民很难享受同城待遇，这就导致一个庞大群体的人力资本的积累缓慢，能力普遍偏低，在整个社会出现了群体性的鸿沟，这种群体性不平等又导致贫富差距拉大。

在财政的二元结构方面，我国很长一个时期实际上实行的是城市财政，农村的各种公共服务如义务教育、基础设施等更多地是农民自己负

---

① 参见刘尚希：《疫情对"三农"的影响及应对思路》，《当代农村财经》2020 年第 5 期。

担。从 20 世纪 90 年代末开始，我国着手构建公共财政框架，21 世纪初，"让公共财政的阳光照耀到农村"正式提出，城乡基本公共服务均等化也渐次推进，二元财政结构逐渐走向城乡一体化。党的十八大以来，我们党坚持"以人民为中心"的发展思想，把逐步实现全体人民共同富裕摆在更加重要的位置，采取有力措施保障和改善民生。过去我们依靠农村劳动力、土地等要素快速推进工业化、城镇化，但农业农村农民的步伐没能跟上，要实现党在新时代的第二个百年奋斗目标，建设社会主义现代化强国，"必须让亿万农民在共同富裕的道路上赶上来"[1]，让广大农民在共同富裕中共享发展成果。

扩大中等收入群体就是实现共同富裕的主要途径，办法就是减少低收入群体。我国低收入群体主要是农民、农民工，在城乡分治的背景下，社会基本权利不平等导致了机会的不公平，机会不公平使得这个群体的能力普遍偏低，能力普遍偏低又导致了获得的收入偏低，这就造成了庞大的低收入群体。要让这些低收入群体变成中等收入群体，就要加快改革城乡分治体制，加快改革社会的身份体制，加快解决进城务工人员的市民化问题，而财政应当在这中间发挥更多作用。

另外，打赢脱贫攻坚战之后，我们正在全面推进乡村振兴，乡村振兴不是单纯振兴乡村，把农民继续固化在农村，而是要走城乡融合之路，推动适合到城市的农村人口转移到城市去，继续减少农村人口。减少农民，让更多的农民在城市落户，享受平等的待遇，就要推进以人为核心的新型城镇化。"十四五"时期，农村人口向城镇转移的趋势仍会继续，这会对公共服务供给提出新的挑战，各项公共政策要坚持"跟人走"原则，进一步"瞄准"流动变化的人口分布来动态匹配基本公共服务。一是坚持项目规划"跟人走"原则，进一步优化行政区划和区域发

---

[1] 中共中央党史和文献研究院编：《习近平关于"三农"工作论述摘编》，中央文献出版社 2019 年版，第 11 页。

展规划。城乡规划和项目布局应充分考虑城镇化趋势中的产业集聚和人口分布的变化，优化空间规划，提升以中心城市、城市群和都市圈为主要空间形态的综合承载和资源优化配置能力。二是坚持财政资金"跟人走"原则，进一步优化财政支出结构，提高资金配置绩效。财政资金预算分配过程中，无论是硬性的基建投资，还是软性的社会投资，都应动态地综合考虑投入的经济、社会和生态效益，回应群众的安居乐业需求和对美好生活的向往。三是坚持转移支付"跟人走"原则，进一步推进财政改革与社会改革的衔接融合。有必要调整转移支付瞄准农村、中西部等特定地域的静态倾斜，转向基于人口流动的动态倾斜，让转移支付"跟人走"。四是坚持公共消费"跟人走"原则，进一步强化人力资本积累和公共服务供给能力。应立足经济社会发展长远大局，使各类资金投入更好地与公共消费结合起来，适度扩大"人的全面发展"这一类消费性支出占比，并不断提升公共服务供给的可及性、公平性和质量。①

---

① 参见刘尚希：《推进城镇化要坚持"跟人走"原则》，《中华工商时报》2021年1月5日。

第二章
财政是促进经济发展的基本机制

财政与经济的关系，是党的人民财政观的重要内容。正确处理财政与经济的关系，是我们党领导人民取得革命、建设和改革伟大成就的重要原因。我们党在长期的革命、建设和改革实践中，深化了对财政与经济关系的认识，提出了一系列观点和论断，形成了丰富的理论成果，这是对马克思主义财政理论的发展。经济是财政的基础，财政是促进经济发展的基本机制。在不同的历史时期，财政促进经济发展的方式并不相同，针对具体的发展环境和经济形势，我们党采取了具有针对性的财政方针和政策，为经济发展构建了一个良好的制度环境。在经济建设中，我们党始终坚持群众路线，一切为了群众，一切依靠群众，充分激发人民发展经济的热情。

一、红色区域财政：军民兼顾

回望我党百年历史征程，我们总结出一条经验：一个政党能否革命成功，就看其能否利用好财政政策，激发出民众生产和支持革命的热情。这一时期，我们党建立红色区域财政，坚持"军民兼顾"原则，发动并依靠人民群众，进行红色区域的经济建设。通过实施财政激励政策，"培养民力"，合理筹集军费，减轻人民负担和"改良人民生活"，不仅促进了生产，而且赢得了民心，有力地支持了革命战争的需要。建立红色区域财政，以及合理处理经济与财政、"改良人民生活"和筹集军费等关系，构成了革命成功的基本要件。

1. "军民兼顾""培养民力"，处理好"改良人民生活"与筹集军费的关系

为中国人民谋幸福，为中华民族谋复兴是我们党的初心和使命。我们党领导人民武装革命，军费对取得革命成功至关重要。保障革命战争是财政的基本任务，但如果为了筹集战争军费而忽视人民利益，甚至损害人民利益，革命战争也不可能取得最后胜利。红色区域财政，就是基于这种认识，处理好"改良人民生活"与筹集军费的关系，不仅赢得了民心，而且取得了革命成功。

由于根据地经济落后，人民生活艰难，不断增长的革命战争需要同有限的农民负担能力就形成了矛盾。解决军费问题，主要有三种方法：一是取之于民，依靠农民出粮出钱；二是"发展经济，保障供给"，即富有创新地取之己；三是取之于敌。其中前两项是主要的，取之于敌处于次要和补充地位。为了做到取之于民合理有度，我们党制定了合理的筹集军费和税收等政策。

制定合理的税收政策，尤其是土地税政策，根据经济状况确定税收，注重保护贫农中农利益。1934年，毛泽东总结土地斗争的经验，完整地提出了税收的阶级原则："农业税依靠于农民的革命热忱，使之自愿的纳税，同样是累进原则的征收法。家中人口少分田少的税轻，家中人口多分田多的税重。贫农、中农税轻，富农税重。雇农及红军家属

免税。被灾区域按灾情轻重减税或免税。"①1940年，毛泽东指出："关于税收政策。必须按收入多少规定纳税多少。一切有收入的人民，除对最贫苦者应该规定免征外，百分之八十以上的居民，不论工人农民，均须负担国家赋税，不应该将负担完全放在地主资本家身上。捉人罚款以解决军饷的办法，应予禁止。税收的方法，在我们没有定出新的更适宜的方法以前，不妨利用国民党的老方法而酌量加以改良。"②1941年，毛泽东在《陕甘宁边区施政纲领》中指出，"实行合理的税收制度，居民中除极贫者应予免税外，均须按照财产等第或所得多寡，实施程度不同的累进税制，使大多数人民均能负担抗日经费。同时健全财政机构，调整金融关系，维护法币，巩固边币，以利经济之发展与财政之充裕"③。

为了不增加人民负担，我们党在扩兵问题上强调不可超过人民财力负担的限度。1945年，毛泽东在《关于日本投降后党的任务》中指出："扩兵是必要的，但决不可超过人民财力负担的限度。收集物资也是必要的，但决不可只顾军队，不顾人民，尤不可损害人民利益。"④除此之外，我们党为了减轻人民负担，实行"精兵简政"，并强调控制非生产人员数量。"这次陕甘宁边区高级干部会议以后，我们就要实行'精兵简政'。这一次精兵简政，必须是严格的、彻底的、普遍的，而不是敷衍的、不痛不痒的、局部的。在这次精兵简政中，必须达到精简、统一、效能、节约和反对官僚主义五项目的。这五项，对于我们的经济工作和财政工作，关系极大。精简之后，减少了消费性的支出，增加了生产的收入，不但直接给予财政以好影响，而且可以减少人民的负担，影

---

① 中共中央文献研究室、中央档案馆编：《建党以来重要文献选编（1921—1949）》第十一册，中央文献出版社2011年版，第119页。

② 《毛泽东选集》第二卷，人民出版社1991年版，第767页。

③ 《毛泽东文集》第二卷，人民出版社1993年版，第336页。

④ 《毛泽东文集》第三卷，人民出版社1996年版，第455页。

响人民的经济。"①"为着应付最近时期的紧张工作而增重了的财政负担，在一九四六年中，必须有计划有步骤地转到正常状态。人民负担太重者必须酌量减轻。各地脱离生产人员，必须不超过当地财力负担所许可的限度，以利持久。"②

合理筹集军费，是与"培养民力"相结合的，在这方面我党制定了诸多措施。例如，在抗日战争时期，为了"培养民力"，党中央和边区政府采取了一系列控制农民负担的措施。一是规定负担人口与军政人员比例。1940 年，中央提出要控制养兵数量，根据地全部脱离生产人员不能超过当地居民的 3%。1941 年"精兵简政"后，中央军委又重申了这一规定。二是控制赋税限度。1939 年，中央提出农业税收入以保障军粮供给为原则，公粮征收总额以不超过农业产量的 10% 为限。1941年，由于财政经济困难，各根据地增加了粮赋征收额，中央电示各地要将公粮征收总额控制在农业总收入的 20% 以内。三是农民负担固定几年不变。1942 年，毛泽东在中共中央西北局高级干部会议上提议，自1943 年起，陕甘宁边区每年征收公粮 18 万担，以后若干年内固定这个数目，这个数目之外的一切增产概归农民，使农民好放手发展自给的生产，改善自给的生活，丰衣足食，穿暖吃饱。③

2. 发展经济，保障供给

新中国成立前的革命战争时期，我们党始终把经济作为财政的基础，坚持从发展经济中增加财政收入，尤其是在抗日战争最为艰难的时期，党中央提出了"发展经济，保障供给"的财经总方针，通过大生产

① 《毛泽东选集》第三卷，人民出版社 1991 年版，第 895 页。
② 《毛泽东选集》第四卷，人民出版社 1991 年版，第 1176 页。
③ 参见中华人民共和国财政部《中国农民负担史》编辑委员会编著：《中国农民负担史》第三卷，中国财政经济出版社 1990 年版，第 202—205 页。

等取之于己的方式，"自己动手"①，发展生产，减轻人民负担。各地群众开展大生产运动，参与经济建设，努力发展生产，实现了自给自足，为抗日胜利奠定了坚实的物质基础。

早在 1933 年 8 月，毛泽东就指出："我们要使人民经济一天一天发展起来，大大改良群众生活，大大增加我们的财政收入，把革命战争和经济建设的物质基础确切地建立起来。"②在经济极端困难而又要顾及民生的情况下，红色区域政权把重心放在发展经济上，从而解决财政困难。对此当时很多人不能理解，产生了一些认识上的误区，毛泽东对发展经济之于财政的重要性有着深刻认识，及时给予了批评纠正。

毛泽东批评不顾人民困难竭泽而渔式的取之于民行为，以及一味依靠节支的保守做法，提出必须依靠经济发展来根本解决财政问题。1933年，毛泽东在中央革命根据地南部 17 县经济建设大会上批评了在经济建设上的两种错误观点：一种认为在革命战争中没有进行经济建设的可能。这种观点不了解如果不进行经济建设，革命战争的物质条件就无法保障，人民在长期战争中就会感到疲惫。另一种认为经济建设已经是一切任务的中心，而忽视革命战争，离开革命战争去进行经济建设。这种观点不了解进行经济建设的目的正是为了保障革命战争的胜利。毛泽东对一些同志关于经济与财政关系的认识误区也作了纠正。1934 年 1 月，毛泽东在第二次全国工农代表大会上提出，从发展国民经济来增加我们财政的收入，是我们财政政策的基本方针。

抗战初期，国内外爱国人士的捐款及国民政府拨付的抗日军饷在一定程度上缓解了区域政权的财政困难，边区财政靠"外援"度日，于是党中央提出"合理负担""休养民力"的主张，财政基本处于无税或轻税状态。抗战进入相持阶段后，外援基本断绝，加之日军的疯狂扫荡和

① 《毛泽东文集》第二卷，人民出版社 1993 年版，第 461 页。
② 《毛泽东选集》第一卷，人民出版社 1991 年版，第 122 页。

国民党的大肆进攻，边区政府在 1940 年至 1941 年陷入严重财经困难。1942 年 12 月，毛泽东在陕甘宁边区高级干部会议上作了《经济问题与财政问题》的报告，提出必须依靠经济发展来根本解决财政问题。全面抗战最艰难的时期，为克服困难，陕甘宁边区政府贯彻党中央和毛泽东的指示，采取减租减息、发放贷款、开源节流、精兵简政等一系列有力措施，推动边区的大生产运动，解决了边区"粮食不足，油盐不足，被服不足，经费不足"的问题，使边区掌握了足够的物资，解决了"鱼大水小"的财政困难，巩固了抗日根据地政权。这正是以发展经济来保障财政收入和政权安全的经典范例。以三五九旅为例。根据 1943 年 12 月 10 日《解放日报》报道，1940 年，其经费总开支中，自给占比只有 56.5%，1941 年已增至 78.5%，1942 年骤增至 90.0%，1943 年更达到 91.3%，1944 年全部自给。粮食方面，1941 年政府发给的占实用的比例达 94.7%，自给仅 5.3%；1943 年全部是政府发给；1944 年即实现了全部自给。

抗战时期除了生产自给的大生产运动外，抗日民主政权的公营经济发展得很好，为缓解财政困境提供了重要支撑。当时的公营经济事业包括三个部分：一是政府经营的盐业、工业及商业；二是军队经营的农工商业；三是党政机关经营的农工商业。这些都是直接保障党政军人员的生活资料及其事业经费的供给的。公营经济的供给量，在 1942 年和 1943 年都超过了人民以租税形式缴纳政府的供给量（包括公粮在内）。正因为如此，毛泽东称公营经济事业为保障财政供给两大来源的一个主要基础。有关资料显示，1939 年、1940 年、1942 年，陕甘宁边区公营企业收入占边区财政收入的比例分别为 0.91%、0.28% 和 1.60%，到了 1944 年，这一比例猛增至 36.2%。自从建立了公营企业收入上缴财政的办法，财政工作有了进一步的发展，建立了雄厚的财力基础。

解放战争时期，毛泽东进一步指出："各地必须作长期打算，努力生产，厉行节约，并在生产和节约的基础上，正确地解决财政问题。这里第一个原则是发展生产，保障供给。因此，必须反对片面地着重财政和商业、忽视农业生产和工业生产的错误观点。第二个原则是军民兼顾，公私兼顾。……第三个原则是统一领导，分散经营。"①

正是由于红色区域财政正确处理好了财政与经济的共生关系、"改良人民生活"与合理筹集军费等关系，才取得了革命战争的胜利，建立了新中国。"'发展经济，保障供给'，是我们确定不移的财政方针。如果我们不去从根本上发展经济，而去枝枝节节地解决财政问题，就是错误的方针。如果我们努力地发展了公私经济，我们就能支持不论时间多久的战争，而使精力不至于枯竭。这一点非常重要，必须使一切工作人员及全体军民透彻地认识清楚，以便组织他们从事大规模的生产运动。"②

3. 减租减息，保护工商业，调动一切积极因素

在革命时期，为了调动一切积极因素推动革命胜利，我们党根据各个时期不同的阶级矛盾和历史任务，采取了一系列财政政策，这突出表现在减租减息等方面。

1926 年 7 月，党的四届三次扩大会议对广东的农民运动决议中，提出了"二五减租"主张，即减租 25%、借贷利率不得超过二分。同年 9 月，在我们党的推动下，中国国民党联席会议作出了"减轻佃农田租 25%"，"禁止重利盘剥，最高利率年利不得超过 20%"的规定，减租减息便成为国共两党的一致主张，对当时发动农民反对土豪劣绅，打倒军阀，推动北伐战争，发挥了重要作用。

为了促成抗日民族统一战线的建立，1937 年 2 月，我们党在《中

---

① 《毛泽东选集》第四卷，人民出版社 1991 年版，第 1216 页。
② 《毛泽东文集》第三卷，人民出版社 1996 年版，第 241 页。

共中央致国民党三中全会电》中提出"停止没收地主土地"的主张，并在陕甘宁苏区停止了没收地主土地的运动。1937 年 8 月 25 日，党的洛川会议通过了《中国共产党抗日救国十大纲领》，明确提出以减租减息作为解决农民土地问题的基本政策。

为了激发全民族抗战的积极性，1942 年 1 月 28 日，中共中央政治局在详细研究了各抗日根据地减租减息经验的基础上，通过了《关于抗日根据地土地政策的决定》，制定了抗日时期土地政策，明确指出："抗战以来，我党在各抗日根据地实行的土地政策，是抗日民族统一战线的土地政策，也就是一方面减租减息一方面交租交息的土地政策。"[①] 同年 2 月 4 日，中央又发布《关于如何执行土地政策决定的指示》。两个文件明确规定：减租减息政策的目的是扶助农民，减轻封建剥削，改善农民生活，提高农民抗日和生产的积极性；实行减租减息后，须实行交租交息，保障地主的地权、财权和人权，以联合地主阶级一致抗日；对于富农则削弱其封建部分，鼓励其资本主义部分的发展。

党的土地政策的调整，为抗日战争的胜利作出了重要贡献。正如毛泽东指出："抗日期间，中国共产党让了一大步，将'耕者有其田'的政策，改为减租减息的政策。这个让步是正确的，推动了国民党参加抗日，又使解放区的地主减少其对于我们发动农民抗日的阻力。这个政策，如果没有特殊阻碍，我们准备在战后继续实行下去，首先在全国范围内实现减租减息，然后采取适当方法，有步骤地达到'耕者有其田'。"[②]

在调整土地政策的同时，我们党还注重保护工商业。"严格注意保护工商业。从长期观点筹划经济和财政。"[③] 早在抗日战争初期，毛泽东

---

① 《毛泽东年谱（1893—1949）》第十九册，中央文献出版社 2011 年版，第 19 页。
② 《毛泽东选集》第三卷，人民出版社 1991 年版，第 1076 页。
③ 《毛泽东选集》第四卷，人民出版社 1991 年版，第 1284 页。

阐述了游击战争根据地的经济政策，明确提出保护商业。"游击战争根据地的经济政策，必须执行抗日民族统一战线的原则，即合理负担和保护商业，当地政权和游击队决不能破坏这种原则，否则将影响于根据地的建立和游击战争的支持。合理负担即实行'有钱者出钱'，但农民亦须供给一定限度的粮食与游击队。保护商业应表现于游击队的严格的纪律上面；除了有真凭实据的汉奸之外，决不准乱没收一家商店。"[①]

总之，我们党通过制定财政激励政策，较好地处理了筹集军费与"改良人民生活"、"培养民力"的关系，成为党取得革命战争胜利的一条重要经验。

二、财政是新中国工业化资金的积累机制

新中国成立之后，面对积贫积弱的状况，财政的人民性则集中体现在如何稳定政权、提升国家实力和改善人民生活水平上。要做到这些，则需要大力发展工业化。19 世纪以来，工业化一直是各国竞逐民富国强的必由之路，工业发展水平成为决定各国竞争成败的主要因素。实现工业化，也是我国一直孜孜不倦努力追求的目标。早在 1945 年 4 月，毛泽东在延安召开的中共七大上作的报告中明确指出，没有工业，便没有巩固的国防，便没有人民的福利，便没有国家的富强。新中国成立后，在一穷二白、经济极为贫穷落后的情况下，我国走出了一条独特的工业化积累之路，财政是新中国工业化资金的积累机制，使社会主义建设取得重大成就。

---

① 《毛泽东选集》第二卷，人民出版社 1991 年版，第 425 页。

1. 为工业化推进打造经济和制度条件

新中国成立以后，我国面临一穷二白、百废待兴的形势，新生政权能否稳定成为关键。面对当时的财经困难和严峻挑战，党和政府发动了著名的"银元之战"和"粮棉之战"两大战役，采取了一系列的行政和经济措施，沉重打击了投机资本，掌握了市场领导权，稳定了金融和物价。与此同时，为了巩固新生政权，恢复生产，新中国实行财政重建，组建财经管理机构，编制第一本国家预算概算，统一全国税政，国民经济走上了正常运行的轨道，从而实现了国民经济的尽快恢复和人民政权的巩固，也为随后的经济发展、社会主义改造和工业化建设提供了条件。

统一税制，为恢复生产打造税制环境。《中国人民政治协商会议共同纲领》明确提出："国家的税收政策，应以保障革命战争的供给、照顾生产的恢复和发展及国家建设的需要为原则，简化税制，实行合理负担。"这成为新中国税制建设的指导思想，是国家税收政策的基本方针。1950年1月，政务院公布了《关于统一全国税政的决定》《全国税政实施要则》，提出对全国各地所实行的税政、税种、税目和税率极不一致的状况，应迅速加以整理，在短期内逐步实施，达到全国税政的统一。《全国税政实施要则》规定了纳税义务，提出纳税是人民的光荣义务，应在人民中树立遵章纳税的爱国观念。同时，明确规定公营企业一律照章纳税，以企业独立的资金为单位，向所在地税务机关纳税。合作社同样应该向国家纳税，不得例外。外侨及其所经营的企业，必须遵守中华人民共和国法令，照章纳税。《全国税政实施要则》统一了税制，强调不论各种经营主体均须纳税，从而初步建立了公私一律照章纳税的制度。

与此同时，我国开始实施统收统支。为了克服财经困难，平衡财政收支，更为有效、灵活地调动并集中使用现金和物资，按照"先大公后小公"的原则，统一国家财政经济工作，实行统收统支。统收统支，不仅是实现财政重建、克服财政困难的需要，也是与计划体制相适应的制度安排，是集中财力进行工业化建设的必然要求。实行统收统支，主要表现在统一全国编制与待遇、统一全国财政收支管理、统一全国物资调拨、统一全国现金管理等。

鉴于财经状况开始好转后出现的一系列矛盾，1950 年 6 月，中共中央召开七届三中全会，提出"为争取国家财政经济状况的根本好转而斗争"的口号，毛泽东明确指出："要获得财政经济情况的根本好转，需要三个条件，即：（一）土地改革的完成；（二）现有工商业的合理调整；（三）国家机构所需经费的大量节减。"[①] 其中，调整工商业方面采取的措施包括三个环节，即调整公私关系、调整劳资关系、调整产销关系，重点是调整公私关系。在调整公私关系的同时，根据《中国人民政治协商会议共同纲领》规定的"简化税制，实行合理负担"的原则和毛泽东关于"调整税收，酌量减轻民负"的指示，针对农业税、城市税收出现的偏差，对农业税和城市税收的负担也进行了调整。

1952 年年底，经过统一财经、稳定金融物价、调整工商业、土地改革等工作，我国恢复国民经济的任务已经胜利完成，党中央提出了过渡时期的总路线。财政在过渡时期的任务主要是：其一，适应"一五"计划发展的需要，在增加生产和扩大物资交流的基础上，厉行节约，努力积累建设资金，为社会主义工业化奠定基础；其二，运用财税政策和必要的财力支持，促进国家对农业、手工业和资本主义工商业的社会主义改造，推动生产力进一步发展，支持和保证国家工业化建设；其三，在发展生产，提高生产率的基础上，适当提高人民的物质和文化生活水平。从 1953 年起，我国开始了大规模经济建设的第一个五年计划，着手逐步实现"三大改造"。运用各项财政、税收政策，促进国家对农业、

---

① 《毛泽东文集》第六卷，人民出版社 1999 年版，第 70 页。

手工业和资本主义工商业的社会主义改造，从而奠定了社会主义公有制的基础。

在"三大改造"中，财政功不可没。以财政支持农业合作化为例。运用税收政策，促进农业合作化发展。这首先表现在农业税的减免政策上。农业合作化初期，国家对新解放区的农业税仍实行累进税制，农业合作化高潮以后，实行累进税制已无必要，一律改为比例税制，实行了稳定农民负担的政策。政务院在《关于一九五三年农业税工作的指示》中正式宣布，从 1953 年起，三年内全国农业税的征收指标稳定在 1952 年的实际征收水平上，不再增加，税率按 1952 年的规定执行，以减轻农民的负担，巩固工农联盟。1956 年 9 月 12 日，中共中央、国务院在《关于加强农业生产合作社的生产领导和组织建设的指示》中进一步强调："农业税的征收，已确定去年的水平，不再增加，地方附加也不能增加太多。要使合作社收入的 60% 到 70% 分配给社员，一般应做到90% 的社员都增加收入。"① 此外，对农民兴修农田水利、改良耕地、开垦荒地等都给予一定的减免优惠。

与此同时，运用工商税收政策，促进农业合作化运动的发展。早在1951 年 9 月 1 日，财政部发布的《临时商业税稽征办法》就明确规定，对农民、渔民、牧民、猎户自产货品持有当地乡（村）以上人民政府证明文件，可免纳临时商业税。随着过渡时期总路线的贯彻执行，1954年修正了《临时商业税稽征办法》，对农民在一般县城及专辖市以下乡村、集镇销售自产品，无论是否达到起征点，一律免征临时商业税。1953 年 1 月 1 日实行的《关于税制若干修正》中规定，供销合作社营业税税率由原来的 2% 改为 2.5%，但实际上税负并未增加，因为把原来应纳的印花税、营业税附加，合并到调整后的营业税税率中去了。调整后，供销合作社的税率仍低于国营和私营商业 3%—3.5% 的税率，体

---

① 谢旭人主编：《中国财政 60 年》上卷，经济科学出版社 2009 年版，第 101 页。

现了扶持供销合作社的政策精神。

在利用税收政策的同时，还增加对农业的投资，发放低息农业贷款，巩固和发展农业生产合作社。为了加快农业发展，国家加大了对农业的财政投资，重点支持兴修农田水利、推广新式农具、扩大优良品种等。国家集中力量治理了水患严重的淮河水系、海河水系、黄河水系和长江水系等，对防洪蓄水、减轻水旱灾害、促进农业生产的发展，都发挥了巨大的作用。同时，发放低息农业贷款，推动农业合作化。当时国家银行的农贷任务，主要是促进农业合作化，推动农业生产的发展。大量的农业贷款以及大幅度降低农业生产合作社贷款和设备贷款的利率，对打击高利贷、发展农业生产和推动农业合作化，都发挥了重要作用。此外，农业合作化由互助组向合作社发展时，针对有些缺乏牲畜、农具的贫民交纳入社股金有困难的情况，财政专门安排了贫民合作基金，解决了贫民入社的困难。

2. 实施工农业产品价格"剪刀差"

"剪刀差"最初源于"超额税"，这一概念产生于20世纪20年代的苏联，后引入我国，用于描述通过工农业产品的价格"剪刀差"的形式，为工业化提供积累。工农业产品价格"剪刀差"，一般是指农产品以低于价值的价格，同价格高于价值的工业品相交换，从而形成了价格"剪刀差"。它的本质，是国民收入的一种再分配方式，通过这一形式将农业部门创造的部分国民收入转移到工业部门。

新中国成立初期，我国是一个由农业人口占绝大多数、以手工劳动为基础的农业国，工业基础非常薄弱，国家的财力来源主要是来自农业。为了尽快改变这种落后的状况，我国选择了优先发展重工业的经济发展战略。不过，与传统式的国家工业化相比，我国是在人均国民生产总值较低的基础上启动工业化进程。一般而言，其他国家的工业化大都是在人均国民生产总值 200 多美元才开始启动的，而我国则在人均国民生产总值仅有 50 多美元的情况下就已开始。资本积累则成为工业化需要解决的首要问题。

由于当时我国的经济结构基本上是以农业为主导，农业产值占比较高，这就决定了农业应承担起为工业化积累资金的主要任务。1953 年，我国农业净产值和农业劳动力在整个社会中所占的比重，分别为 70.6% 和 83.1%。因此，农业剩余成为工业化初始资本的重要来源。"为了完成国家工业化和农业技术改造所需要的大量资金，其中有一个相当大的部分是要从农业方面积累起来的。这除了直接的农业税以外，就是发展为农民所需要的大量生活资料的轻工业的生产，拿这些东西去同农民的商品粮食和轻工业原料相交换，既满足了农民和国家两方面的物资需要，又为国家积累了资金。"①

农业和农民如何为工业化积累资金呢？我国则是通过工农业产品价格"剪刀差"的形式来实现的，其关键在于实行农产品统购统销制度。国家对主要农产品实行统购统销，即通过国家制定的低价收购农产品政策，以价格差的形式，把一部分农业和农民创造的收入转化为工业化的积累资金。具体而言，一方面，对农民实行一手低价收购农产品、一手低价供应农用生产资料；另一方面，对城市居民则实行一手低价供应食品、一手采取低工资。通过较为平均的分配，不仅保证了全体居民的基本生活需要，而且抑制了农产品供求的剧烈波动对经济社会发展的影响。这样，通过农产品统购统销制度，把农业部门中无偿转移而来的农业收入，最终转化为工业生产的资本积累。与此同时，为了与这种农产品统购统销制度相适应，我国采取了政社合一的农村集体化制度，把农村各级经济组织变成各级行政机构的附属机构，实现了国家对农业生产的直接管理。由于在农村实行了集体化制度，为"剪刀差"方式得以顺

① 《毛泽东文集》第六卷，人民出版社 1999 年版，第 432 页。

利发挥作用提供了组织基础。

总体而言，农民除了缴"明税"（公粮）形式之外，还要以"剪刀差"的形式，上缴"暗税"，即农民为国家作的贡献分为"明贡献"和"暗贡献"。有关研究表明，"以农业收入形式体现的农业的'明贡献'和以剪刀差形式体现的'暗贡献'相比较，1952 年'暗贡献'为全部贡献的38%，1962 年'暗贡献'占到全部贡献的69%，1970 年'暗贡献'比重上升到84%，1980 年又上升到91%，1989 年仍为84%。所以，从60 年代以后，剪刀差就成为我国农业向国民经济作贡献的主要形式"①。

这种工农业"剪刀差"形式的工业资本积累为我国工业化的快速推进作出了巨大贡献。但对于以这种工农业"剪刀差"形式为工业积累了多少资金，不同的算法得出的结论并不一致。例如，据中共中央政策研究室、国务院发展研究中心的《农业投入》总课题组估计测算，在1950—1978 年的 29 年中，政府通过工农业产品价格"剪刀差"大约取得了 5100 亿元收入，同期农业税收入为 978 亿元，财政支农支出 1577亿元，政府提取农业剩余净额为 4500 亿元，平均每年从农业部门流出的资金净额达 155 亿元。② 再如，有学者测算，"1953—1978 年计划经济时期的 25 年间，工农业产品价格剪刀差总额估计在 6000 亿—8000亿元。而到改革开放前的 1978 年，国家工业固定资产总计不过 9000 多亿元。因此可以认为，中国的国家工业化的资本原始积累主要来源于农业"③。可以说，没有"剪刀差"和农民的贡献，就没有现代工业化基础的快速建立，也不会有"两弹一星"。④

① 赵苹：《"剪刀差"与农业的贡献》，《农业经济问题》1992 年第 2 期。

② 参见《农业投入》总课题组：《农业保护：现状、依据和政策建议》，《中国社会科学》1996 年第 1 期。

③ 温铁军：《中国农村基本经济制度研究》，中国经济出版社 2000 年版，第 177 页。

④ 参见刘尚希等：《新中国 70 年发展的财政逻辑（1949—2019）》，中国财政经济出版社 2019 年版，第 114—116 页。

3. 采取计划配置资源的方式，集中力量办大事

在新中国成立之后的国民经济恢复时期，我们曾采用市场的手段调节经济运行和配置资源，尤其是在新中国成立初期有名的"粮棉之战"中，面对投机资本哄抬物价、囤积居奇的情况，一方面，敞开抛售紧俏物资，使暴涨的物价迅速下跌；另一方面，收紧银根，征收税款，双管齐下，迅速平定涨价风潮，稳定了新生的人民政权。恢复国民经济的任务胜利完成之后，把我国建设成为一个富强的国家，改变工业的落后状况，实现工业化，成为主要任务。但在"一穷二白"、资金匮乏的情况下，靠市场自发的积累，很难快速实现工业化。只能集中资源，采取计划配置资源的方式，才能推动工业快速发展。

"一五"计划初步确立了重工业优先发展的方针，开启了社会主义工业化的征程。1953年成为我国工业化的起点。这一年，我国开始了第一个五年计划建设，其目的是建立比较完整的工业体系，打下工业化的基础。由于旧中国遗留下来的现代工业基本上是以轻工业为主的殖民地、半殖民地经济，重工业成为工业发展的瓶颈。因此，"一五"期间的资源配置主要倾向于工业，在工业中又明显投向重工业。

世界各国为工业化筹集资金有各种不同的途径，但作为社会主义国家，我国既不能依靠掠夺其他国家资源或出卖本国资源获取资金，也不能指望任何外力能够满足中国这样一个大国的工业化资金需要，因此，我们的立足点必须放在独立自主、自力更生的基点上。除了以自力更生为主，还充分依靠人民，发行了公债，并向苏联等国借用了外债。在财政资金的使用和管理上，则是集中财力，重点保障发展工业的资金需要。

实践证明，集中财力办大事，重点保障发展工业的资金需要，这一做法是完全正确的，并取得了巨大成功。"一五"计划的基本任务之一

就是集中主要力量进行以苏联帮助中国建设的 156 项为中心的、由限额以上的 694 个建设单位组成的工业建设，建立我国的社会主义工业化的初步基础。为了完成这个艰巨的任务，仅全民所有制基本建设投资就达611.58 亿元，折合黄金 6 亿两以上。这些资金，主要是国内自力更生积累起来的，外援只占很小比例。"一五"时期，我国国外的借款收入共36.35 亿元，仅占财政总收入的 2.7%。[①] 在整个"一五"期间，国家财政通过自力更生发展生产、厉行节约等措施，为工业化筹集建设资金达1241.75 亿元，有力地保证了"一五"计划的胜利完成。"一五"计划的156 个大型建设项目遍布国防工业、机械工业、电子工业、化学工业和能源工业等各个方面，搭起了我国整个工业化的骨架，我们打赢了"工业化奠基之役"。需要强调的是，利用财政积累工业化资金，并没有增加人民的负担，这在当时是了不起的成就。[②]

总之，实现工业化是一项极其艰巨复杂的任务，建设资金是前提和基本保障。由于新中国成立初期，资金严重缺乏，如何为工业化积累建设资金，成为财政的一项重要而艰巨的工作。我国立足于当时的经济条件，走出了独特的积累工业化建设资金之路。

三、以市场化改革调动人民积极性

改革开放之后，财政的人民性集中体现为推动市场化改革，解放和发展生产力，迅速提升国家实力和人民生活水平，避免被开除"球籍"的风险。1978 年年底，财政成为经济体制改革的突破口，为向社会主义市场经济体制转型铺平了道路。通过放权和分权，调动一切积极因素

[①] 参见陈如龙主编：《当代中国财政》（上），中国社会科学出版社 1988 年版，第 120 页。
[②] 参见刘尚希等：《新中国 70 年发展的财政逻辑（1949—2019）》，中国财政经济出版社 2019 年版，第 117—118 页。

搞经济建设，推动了市场化改革。市场经济建立以后，国家对经济的调控方式在市场经济下发生了转变，财政政策作为宏观调控的主要工具，保障了市场经济的稳定发展。

1. 财政成为经济改革突破口和中心环节

改革开放之后，财政成为改革的突破口，并且成为经济体制改革的中心环节。党的十一届三中全会提出"我国经济管理体制的一个严重缺点是权力过于集中"。1979 年 4 月，中央工作会议提出，计划经济集中过多，统得过死，"必须坚决加以改变"。改革从何处着手？邓小平指出："中央没有钱，可以给些政策。你们自己去搞，杀出一条血路来。"[①]这条血路，正是从财税改革开始的。

财政体制改革先行一步，从打破财政"统收统支"开始，通过放权让利，调动地方政府、企业和个人的积极性，将外在压力变为内生动力，从而实现效率提升和经济发展。为了进一步调动企业积极性，我国在对价格不做大的调整的情况下，实行"利改税"。为适应这段时间经济改革不配套，经济运行呈现出的"双轨"特征，财税改革力图纠正因其他改革不到位带来的资源配置方式、经济运行的扭曲，替代其他经济手段（诸如价格）发挥着稳定、调节经济的作用。在财政体制方面，从1980 年起由统收统支、"吃大锅饭"的供给制办法，改为实行"分灶吃饭"的财政管理体制，其目的就是调动地方政府的积极性。

1992 年春，邓小平视察南方发表重要谈话。1992 年 10 月 12 日，党的十四大胜利召开，标志着中国改革开放进入了一个新的历史发展阶段，我国财税改革迎来了一个黄金时代。党的十四大报告明确提出，中

---

① 中共中央文献研究室编：《邓小平年谱（一九七五——一九九七）》（上），中央文献出版社 2004 年版，第 510 页。

国经济体制改革的目标是建立社会主义市场经济体制，以利于进一步解放和发展生产力。建立社会主义市场经济体制战略目标的提出，为我国经济改革与发展指明了方向，既对我国的财税体制提出了新的要求，也为全面推行财税改革提供了极好的机遇。在总结 1978—1992 年财政改革的经验与教训的基础上，我国确立了分税制财政体制改革的目标与方向。

从 1993 年下半年开始，我国根据建设社会主义市场经济的目标和任务，深入开展了财税体制、投融资体制、金融体制、外汇体制、外贸体制等领域的改革。尤其是党的十四届三中全会通过了《中共中央关于建立社会主义市场经济体制若干问题的决定》，搭建了社会主义市场经济体制的基本框架，提出在财税、金融、投资和计划体制的改革方面迈出重大步伐，并部署了多领域整体性改革任务，我国进入了整体性推进社会主义市场经济建设的阶段。财税改革不仅是建设社会主义市场经济体制的一项重要改革，而且给其他领域的改革提供了支撑和保障，因而成为整体性改革的中心环节。正如朱镕基曾指出："这一次实行的分税制改革，或者叫以分税制为中心的财税体制改革，是这次财税、金融、投资、外贸、企业五大改革的中心环节。为什么呢？因为这五大改革真正触及地方利益的就是财税体制改革，它一改过去几十年实行的制度。我们不要去批判过去的制度，那个制度是符合当时的历史条件的，也是一步一步前进的。但是现在要搞社会主义市场经济，就要有社会主义市场经济的东西，如果还是以前那一套就要吃大亏，最后就要崩溃。这个改革触及地方的切身利益，但是要是不搞这个改革，就像一台发动机没有动力，经济就没法搞下去。所以去年以来，特别是近两个月以来，我花的时间最多、下的工夫最大的就是财税体制改革。"[1]分税制改革是我国改革开放进程中具有里程碑意义的一项重大改革，又是一项"动一发

---

[1] 《朱镕基讲话实录》第一卷，人民出版社 2011 年版，第 401—402 页。

而牵全身"的系统性改革，保证了社会主义市场经济的快速健康发展。

在我国确立社会主义市场经济改革目标之后，一些关键领域的市场化改革趋势日益清晰，金融方面的国有银行商业化改革、国有企业方面的政企分开改革、贸易方面的加入世界贸易组织（WTO）融入世界经济等改革相继提上议事日程。1998 年之后，我国财税改革的重点开始从收入领域转向支出领域，从建设财政开始转向公共财政。公共财政以合理界定政府职能为前提，旨在解决"越位"和"缺位"问题，是市场经济条件下财税改革的目标模式。

为增强预算管理的规范性和透明度，也是为配合中纪委反腐倡廉的需要，我国开始推行部门预算、国库集中收付、政府采购等一系列改革，深化"收支两条线"改革，2011 年我国全面取消预算外资金，将所有政府性收入纳入预算管理，实现了从"一本预算"到"四本预算"的跨越。与此同时，在推动社会发展与进步方面，扩大社会性支出，促进基本公共服务均等化。减轻农民负担，支持农村农民发展，公共财政阳光照耀农村。同时，财政在促进义务教育、建设公共卫生体系、完善社会保障体系等诸多方面，做了大量卓有成效的工作。

财政积极支持按照建立现代企业制度的方向推进国有企业改革。早在 1998 年之前，为了支持国有企业改革，抓大放小、下岗分流，财政部门参与社会保障制度改革。2002 年实施所得税收入分享改革，改变了按隶属关系划分收入的做法，推动了政企分开。2008 年"两法合并"统一了内外资企业所得税，终于完成了 1994 年改革未竟事项。出口退税负担机制历经多次调整后由中央全额负担，有利于全国统一市场形成。为支持金融等领域改革，保障市场化改革的深入推进，发行特别国债，补充四大国有银行资本金；支持设立四大资产管理公司，剥离国有银行不良资产；2007 年发债购汇成立中投公司，改进外汇管理方式，促进财政政策和货币政策协调。

2. 通过放权让利，打造市场主体，激活两个竞争

激活市场竞争和地方竞争，是我国改革开放取得重大成就的重要原因，而财政在其中发挥了关键性作用。财政从打破"统收统支"开始，通过放权让利，打造市场竞争主体，调动地方政府、企业和个人的积极性。1978 年 11 月 25 日，我国部分企业实行企业基金制，成为对企业放权让利改革的第一步。1979 年，我国推行利润留成，规定国有企业实现的一部分利润上缴财政之后剩余的用作企业留用，留用的利润一部分用于奖励基金，一部分用于生产。利润留成制扩大了企业生产的决策权和自主权，调动了企业增产增收和节支的积极性。

为了进一步调动企业积极性，我国分两步在全国范围内实行"利改税"，即将国营企业原来向国家上缴利润的大部分改为征收所得税。1983 年推行第一步"利改税"，调整收入分配关系，企业上缴收入中税收成分增加，但仍是税利并存。为矫正价格扭曲，缓解价格不合理所带来的一些矛盾，1984 年实行第二步"利改税"，由税利并存过渡到完全的以税代利。两步"利改税"，通过税收把国家与企业的分配关系固定下来，可以使企业向独立经营、自负盈亏的方向大大迈进一步，有利于打破企业吃国家"大锅饭"的弊端。

在财政体制方面，从 1980 年起由统收统支、"吃大锅饭"的供给制办法，改为实行"分灶吃饭"的财政管理体制，激活地方竞争，促进了工业化发展。1980 年 2 月 1 日，国务院发出《关于实行"划分收支、分级包干"财政管理体制的通知》，决定从 1980 年起实行"划分收支、分级包干"的财政管理体制。这种体制的核心在于明确划分地方财政收支范围、上解数额（或者上解比例）、补助数额确定以后，由地方包干使用，收支节余不上缴，收支不足不补助。"分灶吃饭"是与过去由财政部统一分配收支指标的"一灶吃饭"办法相对而言的，是一种形象的说法。实行这种体制以后，地方有了统筹安排财政收支的自主性。这与

过去的财政体制大不相同。由于"分灶吃饭"的财政体制扩大了地方的财力和企业的自主权，使地方有了发展本地区生产建设事业的内在经济动力和能力。从 1985 年起，实行"划分税种、核定收支、分级包干"的财政管理体制。1988 年 7 月，《国务院关于地方实行财政包干办法的决定》中明确提出，实行财政包干体制，进一步给予地方更大的自主权，调动了地方发展工业的积极性。

3. 奠定社会主义市场经济体制之基

1992 年 10 月，党的十四大提出建立社会主义市场经济体制的目标模式。1993 年 11 月，党的十四届三中全会通过《中共中央关于建立社会主义市场经济体制若干问题的决定》，支持社会主义市场经济的建立成为财政的重要任务。为此，我国于 1994 年进行税制改革和分税制改革，奠定了社会主义市场经济之基。

1994 年税制坚持"统一税制，公平税负"的原则，为市场公平竞争创造税制条件，同时为宏观经济调控提供间接的经济手段。之前，无论流转税还是所得税，均表现出明显的"所有制"特征，即不同所有制企业适用不同流转税和所得税税种，与统一全国市场，维护公平竞争的社会主义市场经济体制改革目标相违背。1994 年税制改革统一内资企业所得税，以增值税替代产品税，并在此基础上开征消费税，建立以增值税为核心的新的流转税制，辅之以消费税和营业税，其主旨在于在搭建统一流转税制基础上，对部分产品和行业进行调节，实现总体上税负公平和有重点的调节的有机结合，为市场微观主体的生产经营搭建制度环境。

分税制代替了财政大包干，激发地方公平竞争。分税制是根据事权和财权相结合原则，按照税种划分为中央财政收入和地方财政收入。将维护国家权益、实施宏观调控所必需的主要税种划为中央税；将同经济发展直接相关的主要税种划分为中央与地方共享税；将适合地方征管的税种划为地方税。分税制财政体制开创了新中国财政发展史上的新纪元，对促进地方公平竞争、推动工业化发展起到非常重要的作用。实行分税制后，规范了国家与企业之间的收入分配关系，使企业不分大小与经济性质，不论行政级别，都依法纳税，公平竞争；中央和地方两级政府分别依法征税，随意减免税和偷税、漏税的情况大大减少，企业与政府之间的分配关系逐步纳入社会主义市场经济法制化的轨道。分税制财政体制实行后，由于税种划分打破了长期以来的"条块分割"的行政隶属关系控制体系，有助于消除政府对"自己的企业"的过多干预和过多照顾，使包干制下出现的地方保护主义、经济封锁、市场分割等现象受到明显遏制和纠正，全国性的统一市场逐步形成，促进了工业化的发展。

4. 建立和完善宏观调控，保障市场平稳运行

改革开放以来，财政对于国民经济的管理和调控，由传统的财政直接管理到财政宏观调控，适应了经济体制改革和社会经济发展的需要。

1978 年我国开始改革开放，市场机制开始逐渐发挥作用，有计划的商品经济体制逐步确立。但一直到 1992 年党的十四大提出建立社会主义市场经济体制目标之前，新的市场运行机制尚在培育和发展阶段。总体而言，这一阶段实行的是有计划的商品经济体制，即计划与市场相结合的体制，政府在经济管理中开始有意识地发挥市场机制的作用。从政府对国民经济的管理和调节角度而言，其方式仍是属于传统的计划管理，调节和管理的手段仍是以计划为主，这实际上是一种行政直接管理，尚未形成现代市场经济意义上的宏观调控。在这种情况下，财政对国民经济的管理和调控的方式，实质上属于财政直接管理。

经过一系列的改革，我国的市场逐步扩大，市场微观主体逐渐形

成，市场机制在资源配置中的地位逐渐增强，其作用也越来越大。这一方面促进了我国商品经济的发展，增强了我国的经济实力，提高了人民生活水平；另一方面，市场机制内在的不稳定以及其他缺陷开始显现，再加上各种改革措施之间的协调性不足、制度变革与调整带来的体系内在的变化而生成的不稳定性，给宏观经济的稳定带来较大的负面影响。在1979—1981年、1985—1986年以及1988—1989年出现了三次较为明显的经济波动。虽然计划经济运行机制逐渐被打破，但由于市场机制的不健全、经济改革中的诸多问题并没有得到完全解决，因而在国民经济调节和管理上仍是以计划为主的传统的财政直接管理。

随着改革的不断深化，我国逐步认识到，只有深化经济体制改革，实行社会主义市场经济体制，经济才能有更大、更好的发展。为此，1992年10月，党的十四大明确提出了建立社会主义市场经济体制的目标任务。与此同时，财政调节和管理经济的方式也发生了重大变化，逐渐形成了以财政宏观调控为主的机制和方式。

1993年11月，党的十三届四中全会通过的《中共中央关于建立社会主义市场经济体制若干问题的决定》提出，社会主义市场经济必须有健全的宏观调控体系。宏观调控的主要任务是：保持经济总量的基本平衡，促进经济结构的优化，引导国民经济持续、快速、健康发展，推动社会全面进步。宏观调控主要采取经济办法，运用货币政策与财政政策，调节社会总需求与总供给的基本平衡，并与产业政策相配合，促进国民经济和社会的协调发展。这标志着我国实现了从传统的财政直接管理到现代意义上的宏观调控的转变。自1993年以来，我国国民经济先后经历了1993—1997年、1998—2004年、2005—2007年、2008年以来等四次不同情况的波动。为此，我国的财政政策也相应经历了适度从紧财政政策、第一次积极财政政策、稳健财政政策、第二次积极财政政策等变化，形成了系统的财政宏观调控政策工具体系。

在市场经济条件下，我国宏观调控的主要目标就是调节社会总供给与总需求，保持供求总量基本平衡。通过对总需求的影响，来防范经济过热和经济过冷。在对宏观经济进行调控的实践中，我国不仅能够根据宏观经济形势的发展变化，灵活选用财政政策及相关工具，而且实现了财政政策的创新。例如，在 2008 年之后实施的积极财政政策，并不只是需求管理的一个工具，而是一种涉及经济、社会乃至整个国家治理的多维度的财政政策，可称之为"结构性的政策"，使财政政策由单纯经济政策转变为综合性政策，从而使积极财政政策的内涵更加丰富、实现形式更加多样化。这些宏观调控政策的实施，保障了我国国民经济平稳健康发展。

四、财政为新时代发展注入确定性

进入中国特色社会主义新时代，财政的人民性集中体现在两个方面：一方面，通过财政制度和政策，让全体人民共享经济发展成果；另一方面，则是针对全面深化改革面临的风险和不确定性加大，加快财政改革和现代财政制度建设，为新时代发展注入确定性，使财政与经济关系进入构建确定性的新阶段。党的十八大以来，为了让全体人民共享经济发展成果，以习近平同志为核心的党中央打响了"精准脱贫攻坚战"，通过产业扶贫、易地搬迁扶贫、就业扶贫、教育扶贫、健康扶贫等一系列措施，使得几千万人民摆脱了贫困生活，推动全面建成小康社会取得决定性成就。党的十八届三中全会明确提出"财政是国家治理的基础和重要支柱"，全面深化改革的总目标是完善和发展中国特色社会主义制度，推进国家治理体系和治理能力现代化，同时明确财税改革成为全面深化改革的重头戏，启动了新一轮财税改革。与此同时，针对财政宏观调控中的"小马拉大车"以及宏观管理缺位问题，我国以风险管理为目标，开始尝试构建财政宏观管理框架，防范公共风险，为经济社会发展注入确定性。

1. 全面深化改革面临的风险和不确定性加大

党的十八大以来，我国的转型与升级向纵深发展，经济、政治和社会的转型升级正在深入推进。随着经济社会发展，国民经济中的各种矛盾和问题不断出现，特别是经济增长速度放缓、新旧动能转换，经济社会结构、功能的分化与变动，各种诱因相互叠加、交织，潜在系统性风险将进入诱发期和敏感期，加之随着生产要素流动，特别是金融全球化，出现了风险全球化，使我国发展面临的不确定性和不可预测性增强。

在经济的转型升级中，全面深化改革使处理政府与市场关系的风险加大。虽然我国自 2003 年就已进入了完善社会主义市场经济阶段，但以市场为基础的要素价格形成机制尚未完全建立，市场竞争中性原则也没有得到根本贯彻，各种市场竞争主体之间还存在着不公平竞争。进入全面深化改革阶段之后，新的任务和新的形势对整体性改革与发展提出了新的要求，使我国面临的不确定性剧增。随着经济转型向纵深发展，政府与市场的关系更为复杂，发挥市场在资源配置中的决定性作用，与发挥政府的积极作用有效结合起来的难度加大，对经济治理的要求也越来越高。

在政治的转型升级中，中央与地方的关系及政府转型面临新的挑战。中央通过制度安排激活地方竞争，成为我国 40 多年经济高速发展的重要因素。但随着地方过度的竞争，不仅影响了市场和企业的公平竞争，而且弱化了中央的权力，影响了国家治理能力。为此，我国开始调整中央与地方关系，增强中央的权威。但这也带来一些新的问题，如有的地方采取形式主义，被动执行中央政策，把责任上移，从而又出现了权责不匹配等新的风险。同时，政府转型面临新的挑战。经济社会转型，带来整个社会运行系统的转变，必然要求相应调整政府职能。在全面深化改革时代，面临着诸多深层次的问题，如果政府职能调整不能随之到位，就可能出现功能性障碍，也就是政府权力的调整与现实需求相脱节，形成巨大风险，危及国家的长治久安。

社会转型向纵深发展，社会领域出现了一些新的变化，社会主要矛盾的转变、社会流动性加强和老龄化社会加快到来等，带来了一些新的风险和挑战，加大了改革的不确定性和风险。由静态社会向动态社会的转变，对改革提出新的挑战。随着改革开放的深入推进，我国形成了人口规模巨大的动态社会。老龄化社会加速到来，不仅抑制了社会财富生产和积累机制的运行，影响整个社会的生产和消费的资源配置，进而影响经济增长，而且会改变我国政府财政支出的规模与结构，并给财政的可持续带来较大压力。此外，随着利益分化和收入差距拉大，不同利益主体之间的利益矛盾日益成为影响社会稳定的重要因素，社会风险积聚，不仅使改革面临的不确定性和风险加大，也大大增加了改革推进和社会治理的难度。

全球化及全球经济形势发生了重大变化，全球利益分配失衡，全球贸易摩擦升级、回波效应以及全球经济下行都可能引发新的风险，我国面临前所未有的挑战。全球经济越来越脆弱，增长势头逐渐减弱，且进入"新平庸时代"，必然会引发新的风险。各国向外转移风险，全球风险的分担机制蜕变成风险的"互害"机制，使得全球风险呈几何级数放大，增加了我国外部环境的不确定性和风险。

2.加快建立现代财政制度，增强全面深化改革的确定性

党的十八届三中全会明确提出"财政是国家治理的基础和重要支柱"，同时明确财税改革成为全面深化改革的重头戏。为了应对上述面

临的这些风险和不确定性，我国开始加快建立现代财政制度，为全面深化改革注入确定性。

为推动实现国家治理体系与治理能力的现代化，财政改革成为全面深化改革的重头戏，我国启动了新一轮财政改革，加快建立现代财政制度。习近平总书记指出，现行财税体制已经不完全适应合理划分中央和地方事权、完善国家治理的客观要求，不完全适应转变经济发展方式、促进经济社会持续健康发展的现实需要，我国经济社会发展中的一些突出矛盾和问题也与财税体制不健全有关。为此，他指出："这次全面深化改革，财税体制改革是重点之一。主要涉及改进预算管理制度，完善税收制度，建立事权和支出责任相适应的制度等。"[①]同时，他指出："深化财税体制改革，涉及面广，政策性强，利益调整难度大"[②]，落实工作任务艰巨而繁重。推动全面深化改革，必须将财政体制改革放在重要位置去抓。

2014 年 6 月 6 日，习近平总书记在中央全面深化改革领导小组第三次会议上的讲话中指出，"财税体制改革不是解一时之弊，而是着眼长远机制的系统性重构。主要目的是明确事权、改革税制、稳定税负、透明预算、提高效率，加快形成有利于转变经济发展方式、有利于建立公平统一市场、有利于推进基本公共服务均等化的现代财政制度，形成中央和地方财力与事权相匹配的财税体制，更好发挥中央和地方两个积极性"[③]。

2017 年 10 月 18 日，习近平总书记在党的十九大上庄严宣告"中国特色社会主义进入新时代"，要求"加快建立现代财政制度"。在党中

---

① 《习近平谈治国理政》第一卷，外文出版社 2018 年版，第 80 页。

② 中国政法大学制度学研究中心编：《把权力关进制度的笼子里》，人民出版社 2014 年版，第 214 页。

③ 中国政法大学制度学研究中心编：《把权力关进制度的笼子里》，人民出版社 2014 年版，第 214 页。

央和国务院的正确领导和统一部署下，新时代财税改革围绕中央与地方财政关系、现代预算制度、现代税收制度三大重点领域不断推进，为国家治理现代化夯实基础。

在中央与地方的财政关系方面，以财政事权和支出责任改革，激发中央和地方两个积极性。针对分税制存在的问题，为了进一步规范地方竞争，我国在财政体制、转移支付制度、税收优惠等方面作了一系列的改革和规定，对充分发挥市场机制、促进工业化深入推进起到积极促进作用。例如，在收入划分方面，取消"双轨运行"中老体制"递增上交"的"递增"规定，调整证券交易印花税、企业所得税中央与地方分享比例；完善政府间财政转移支付制度；先后设立了一般性转移支付、民族地区转移支付、调整工资转移支付，新增了一些专项转移支付项目，如对天然林保护工程、社会保障制度建设的专项补助等。

自党的十八大，特别是十八届三中全会以来，为了进一步规范中央与地方的财政关系，我国加快财政事权和支出责任改革。2013 年 11 月，党的十八届三中全会通过的《中共中央关于全面深化改革若干重大问题的决定》将"建立事权和支出责任相适应的制度"作为"建立现代财政制度"三大任务之一。2014 年 6 月，中共中央政治局审议通过了《深化财税体制改革总体方案》，对建立事权与支出责任相适应的制度提出了具体要求。2016 年 8 月，国务院发布了《关于推进中央与地方财政事权和支出责任划分改革的指导意见》，就中央与地方财政事权和支出责任划分改革作了一系列的部署。2018 年 1 月，国务院办公厅印发《基本公共服务领域中央与地方共同财政事权和支出责任划分改革方案》，对于义务教育、基本养老保险、基本住房保障等八大类共18 个基本公共服务事项，划分了财政事权和支出责任。这些措施，客观上有利于为我国工业化的发展提供一个更为公平的制度环境。此后，我国加快了中央与地方财政事权和支出责任划分改革，出台了一系列的改革方案。

税收制度改革积极推进，保障市场和社会公平环境。增值税改革不断深化，"营改增"圆满完成，减税降费中增值税制度更加优化，从增值税"转型"再到"扩围"，税收促进公平市场环境的效果日趋明显；环境税立法完成，资源税改革不断扩围深化，税收调节功能日益强化；个人所得税改革取得实质性进展，提高起征点，增加专项扣除，对四项劳动性所得实行综合计征，综合与分类相结合的个人所得税制度不断完善，税收公平收入分配的功能不断强化；个人财产信息系统不断健全，房产税立法列入立法五年规划，改革有序推进；消费税使用范围优化调整，明确部分税目商品征收环节后移，并下放作为地方收入。

加快预算制度改革，基本确立现代预算制度主体框架。党的十八大以来，预算制度改革作为财税体制改革的重头戏，在建立现代预算制度方面取得较大进展，尤其是 2015 年 1 月新《预算法》实施之后，围绕新《预算法》颁布了一系列旨在规范政府收支行为的制度，以四本预算构建的全口径政府预算体系得以确立，预决算公开透明也取得一定成效。党的十九大又为预算制度改革赋予了新的内涵，指出要建立全面规范透明、标准科学、约束有力的预算制度，全面实施绩效管理。经过一系列改革探索，我国预算治理主体更加明晰，权责边界进一步厘清，预算编制更加科学，预算执行更加注重法治，预算监督不断健全，已基本确立现代预算制度主体框架，初步形成现代预算治理格局。具体而言，主要包括：建立了定位清晰、分工明确、以四本预算为主体的政府预算体系，四本预算之间的统筹力度不断提升；完善预算编制，各部门预算收支范围不断细化，决策管理更加科学化；建立跨年度预算平衡机制，实施中期财政规划，进一步确保财政可持续；重视地方债务问题，清理政府融资平台，建立规范的地方债券制度；进一步规范预算调整相关程序，强调预算执行和调整程序化、法治化，预算执行的科学化水平大幅提升；加强对政府全口径预算决算的审查和监督，审核预算的重点由平衡状态、赤字规模向支出预算和政策拓展；建立全面规范透明、标准科学、约束有力的预算制度，全面实施绩效管理，以全面预算绩效管理来提升预算治理能力。

3. 构建财政宏观管理框架，加强风险管理

随着经济社会发展，国民经济中的各种矛盾和问题不断出现，公共风险和不确定性增加，我国的宏观调控越来越承载了"超负荷"的宏观经济管理任务。特别是自 2008 年全球经济危机爆发以来，防风险的任务在国民经济管理中不断提升，仅靠宏观调控难以完成防范风险的任务，"宏观管理"缺位问题日益突出。针对这些问题，从党的十八大之后，我国坚持改革的整体观和以人为本的发展观，以风险管理为重心，积极构建财政宏观管理框架，提升防范风险能力。党的十九届六中全会通过的《中共中央关于党的百年奋斗重大成就和历史经验的决议》明确指出，"完善宏观经济治理，创新宏观调控思路和方式，增强宏观政策自主性，实施积极的财政政策和稳健的货币政策……防范化解经济金融领域风险"[1]。

2012 年 11 月 15 日，习近平总书记在党的十八届一中全会上指出："面对复杂多变的国际形势和艰巨繁重的国内改革发展稳定任务，我们一定要居安思危，增强忧患意识、风险意识、责任意识，坚定必胜信念，积极开拓进取，全面做好改革发展稳定各项工作，着力解决经济社会发展中的突出矛盾和问题，有效防范各种潜在风险，努力实现全年经济社会发展预期目标，努力保持社会和谐稳定。"[2]2015 年 10 月 29 日，习近平总书记在党的十八届五中全会第二次全体会议上指出："今

---

① 本书编写组编著：《〈中共中央关于党的百年奋斗重大成就和历史经验的决议〉辅导读本》，人民出版社 2021 年版，第 47 页。

② 中共中央党史和文献研究院编：《习近平关于防范风险挑战、应对突发事件论述摘编》，中央文献出版社 2020 年版，第 3 页。

后 5 年，可能是我国发展面临的各方面风险不断积累甚至集中显露的时期。……如果发生重大风险又扛不住，国家安全就可能面临重大威胁，全面建成小康社会进程就可能被迫中断。我们必须把防风险摆在突出位置，'图之于未萌，虑之于未有'。"[1]2019 年 1 月 21 日，习近平总书记在省部级主要领导干部坚持底线思维着力防范化解重大风险专题研讨班开班式上发表重要讲话强调，深刻认识和准确把握外部环境的深刻变化和我国改革发展稳定面临的新情况新问题新挑战，坚持底线思维，增强忧患意识，提高防控能力，着力防范化解重大风险，保持经济持续健康发展和社会大局稳定，为决胜全面建成小康社会、夺取新时代中国特色社会主义伟大胜利、实现中华民族伟大复兴的中国梦提供坚强保障。

为此，我国深入开展了以提高供给体系质量作为主攻方向的供给侧结构性改革，以风险管理为目标，实施了包括强化地方债务管理、规范财经运行、增强财政"托底"和保障能力等在内的一系列措施，这标志着我国由注重财政宏观调控，开始向注重财政宏观管理过渡。

强化地方债务管理，防范地方财政金融风险。地方债管理的总体思路是："开正门、堵偏门、防范风险"。党的十八届三中全会通过的《中共中央关于全面深化改革若干重大问题的决定》提出，要建立规范合理的中央和地方政府债务管理和风险预警机制。2014 年 8 月 31 日，全国人大常委会审议通过了《预算法》修改决定，明确允许地方政府适度举债，并从举债主体、举债方式、规模控制、预算管理、举债用途、风险控制、责任追究等方面对地方政府债务管理作出了规定。2014 年 9 月，国务院印发《关于加强地方政府性债务管理的意见》，即"43 号文"，进一步明确了地方政府债务管理的整体制度安排。2016 年 10 月，国务院办公厅印发《地方政府性债务风险应急处置预案》，明确我国将把地方政府性债务风险事件划分为四个等级，实行分级响应和应急处置，必

---

① 《习近平谈治国理政》第二卷，外文出版社 2017 年版，第 81 页。

要时依法实施地方政府财政重整计划。2017 年 5 月，六部委联合印发通知，进一步规范地方政府举债融资行为，财政部随后再次发布通知，坚决制止以政府购买服务名义违法违规举债并明确了地方清理整改的时限要求。此后，我国又对加强地方债务管理，尤其是隐性债务管理等问题，作了更为详细的规定。通过这些措施加强地方债务管理，提升了地方政府的管理能力，使我国地方政府债务总体可控。

规范财经运行管理，防范个体风险公共化。为了防范个体风险公共化，近些年来我国注重财经运行管理，并采取了诸多措施。这主要体现在加强政府和社会资本合作（PPP）管理和预算管理等方面。例如，在 PPP 方面，我国出台了一系列的规范和管理措施。为了规范其运行，财政部先后出台了《关于推广运用政府和社会资本合作模式有关问题的通知》《关于印发政府和社会资本合作模式操作指南（试行）的通知》《关于政府和社会资本合作示范项目实施有关问题的通知》《政府和社会资本合作项目财政承受能力论证指引》等规范性文件。针对 PPP 在执行中存在的异化、泛化等问题，财政部等有关部门进一步出台了监管措施，保证了 PPP 的顺利推进。

实施积极的财政政策，防范经济下行风险。我国宏观政策的优化和转型，注重"防风险"，这在积极财政政策中体现出来。我国积极财政政策带有明显的扩张性特征，强调"减税增支"，但与以凯恩斯框架为基础的传统财政扩张政策并不完全相同，在政策含义、政策内容、政策工具等诸多方面与之有一定的差异，尤为重要的是它不仅着眼于调节总需求，而且包含结构性调整的因素，在加强逆调节的同时，注重政策的质和量。总体来看，我国积极财政政策的主要措施包括减税降费、扩大赤字、发行国债和地方债、在结构调整基础之上的扩大支出等。尤其是2020 年新冠肺炎疫情的影响，叠加经济固有矛盾和全球经济变化，使我国的经济社会发展面临严峻挑战。为了应对形势的变化，我国积极财政政策出现了诸多变化和新特点，如力度明显加大，工具更加多样化，政策作用范围更广，更加注重结构调整和政策差异性等。这些措施，将疫情带来的风险降到最低，并有效防范了经济风险。2020 年，我国成为全球唯一实现经济正增长的主要经济体，取得了巨大成就。

第三章

财政是社会共同利益的实现方式

　　公共性是财政的一般属性，人民性是社会主义财政的政治属性。实现好、维护好社会共同利益必须坚持财政的公共性。社会主义之核心在于社会，是全社会各个主体、各个阶层、各种力量团结合作，形成强大合力。社会之所以称之为社会，财政是纽带。财政以集体行动的方式，通过动员、集中和使用全社会的资源，调整不同社会阶层、社会群体的利益关系，以应对包括政治风险、经济风险和社会风险等在内的公共风险的社会机制。这种机制往往隐含于整个社会体系当中，并决定着一个政权与整个社会的运行和发展状况。我们须从广义的社会层面来理解财政更为一般、更为本质的内涵和特征。可以说，没有财政的统一，就没有统一的社会。

　　财政是社会共同利益的实现方式，要放在百年来党带领人民实现中华民族伟大复兴的背景下来理解。回顾党的百年奋斗历程，中国共产党对财政问题的把握和理解始终是以实现社会共同利益为中心的，跳出了财政管理的单一框架。在带领全国人民站起来、富起来和强起来的每个时期，中国共产党都准确把握当时的社会状况，实事求是地分析社会构成，与时俱进地引导和适应社会变迁，包容性地回应和调节不同社会阶层的利益诉求，正确处理不同群体的利益关系，通过团结最广大人民群众这个社会共同体，给人民以看得见的利益，最大限度地实现社会共同利益，让发展的成果普惠共享。

在这个过程中，财政发挥了连接整个社会的纽带作用，一方面，通过动员和集中社会资源，发展经济，自力更生，减轻民负，赢得民心，形成社会利益共同体；另一方面，将民心作为最宝贵的资源，通过实现不同时期不同社会群体的共同利益，构建利益共同体、命运共同体，从而构建国家发展的确定性，解决国家整体危机，防范化解公共风险，实现社会共同利益，支撑着党在不同时期完成相应的中心任务。

简而言之，财政作为连接社会的纽带，通过动员、集中和使用全社会资源，调整各个时期不同社会阶层群体的利益关系，以财政变革推动社会变迁，从而实现社会共同利益最大化，公共风险最小化。

一、财政为夺取革命胜利动员社会资源

革命战争时期，中国共产党成功地处理了不同社会阶级、阶层和群体的利益诉求，通过动员农民进行土地革命、动员和组织民众参加抗战，构建社会利益共同体，并从社会中获得大量支持性力量，才用"小米加步枪"赢得了最终的胜利，人民群众主动支援前线，解决了战争的后勤保障问题。在这个时期，财政以显性和隐性的方式，主要通过动员民众和社会资源，把政治、经济和社会融成一个有机整体，实现民族共同利益。

1. 动员农民进行土地革命

农民和土地的关系是中国革命和建设的基本问题。从土地革命战争时期的土地革命，到抗日战争时期的减租减息，再到解放战争时期的土地改革，中国共产党为解决农民土地问题进行了艰辛的探索。在此期间，财政通过动员民众、集中和使用全社会的资源，构建党与民众的利益共同体。党之所以有强大的动员和组织能力，是因为中国共产党除了人民利益，再也没有自己的特殊利益，党和人民是一个利益共同体。

1927 年，中共中央在"八七会议"上将土地革命作为工作的总方针之一，这便将土地问题、农民动员与革命的前途联系起来了。在轰轰烈烈的土地革命当中，中国共产党采取了不同于以往的动员手段，这就是以土地为中心的政治动员和社会动员。一是在制度层面上，以土地纲领建构革命领导权；二是在观念层面上，以土地均平重塑乡村秩序观；三是在组织层面上，以土地改革构建利益共同体。

经由土地改革之后，占据中国传统社会主流的"小自耕农"转型为"革命农民"，乡村社会发生了根本性的变化。广大没有土地或者拥有少量土地的农民，分得了土地，在政治上翻了身，大大激发了农民支持党和革命事业的热情。此后，无论是抗日战争时期根据抗日民族统一战线的需要，适时实行统一战线性质的减租减息政策，还是解放战争时期废除封建性及半封建性的土地制度，实行"耕者有其田"的土地制度，都体现了党与农民的共同利益特征。

土地改革从解放战争时期开始进行，到新中国成立后的 1952 年冬，除台湾和一部分少数民族地区以外，全国的土地改革基本结束，使 3 亿无地或少地的农民分得了约 7 亿亩土地和其他生产资料，免除了过去每年向地主交纳的约 700 亿斤粮食的繁重地租，彻底消灭了在我国延续几千年的封建制度的基础——地主阶级的土地所有制。1936 年，毛泽东在延安会见美国作家斯诺时说："谁赢得了农民，谁就会赢得了中国，谁解决土地问题，谁就会赢得农民。"[1]

---

[1] ［美］洛易斯·惠勒·斯诺编：《斯诺眼中的中国》，王恩光等合译，中国学术出版社 1982 年版，第 47 页。

1934 年 1 月 22 日，中华苏维埃共和国第二次全国苏维埃代表大会在江西瑞金召开。毛泽东代表中央执行委员会和人民委员会作了工作报告，重点对此前苏区财经工作做系统的总结。讲到财政问题时，毛泽东提出了一个问题，那就是"苏维埃政府处在全国范围内的较小部分，而且都是一些经济比较落后的地方，实行着便利于广大民众的税收政策，许多外面的人都无法想象苏区的财政出路在什么地方？但是财政工作却做得很好。相对应的是国民党政府统治区，占据着全国广大的区域，大量地搜刮民脂民膏，为什么财政工作反而弄到民穷财尽要破产的地步？"①

对于这个问题的回答，除了苏区财政政策的基本方针是从发展国民经济的出发点来增加财政收入，发展农业生产，发展工业生产，发展对外贸易和合作社，以及坚持节省原则外，很重要的一条就是财政政策要极力改良民众的生活，关心群众的一切实际生活问题，满足群众的需要。土地革命的实施，构建了党与农民的利益共同体，提高了农民的劳动热情，增加了农业生产；合作社的推行，构建了党与工人的利益共同体，有效保障了工人的利益，推动了工业经济的发展。

1934 年 1 月 27 日，在江西瑞金召开的第二次全国工农兵代表大会上，毛泽东根据对长冈、才溪两个乡的调查状况，结合根据地的发展实际，作了《关心群众生活，注意工作方法》的报告，要求共产党人要关心群众的痛痒，改善工作方法，真心实意地为群众谋利益。"真正的铜墙铁壁是什么？是群众，是千百万真心实意地拥护革命的群众。这是真正的铜墙铁壁，什么力量也打不破的，完全打不破的。""一切群众的实际生活问题，都是我们应当注意的问题。"②他通过仔细地调查研究得出结论："要得到群众的拥护吗？要群众拿出他们的全力放到战线上去吗？

---

① 史卫、李妮娜：《毛泽东的财政四问与中国共产党财政理论的构建》，《财政科学》2021 年第 4 期。

② 《毛泽东选集》第一卷，人民出版社 1991 年版，第 139、137 页。

那末，就得和群众在一起，就得去发动群众的积极性，就得关心群众的痛痒，就得真心实意地为群众谋利益，解决群众的生产和生活的问题，盐的问题，米的问题，房子的问题，衣的问题，生小孩子的问题，解决群众的一切问题。"① 这也再一次印证了中国共产党除了人民利益，再也没有自己的特殊利益，党和人民是一个利益共同体。

1940 年，毛泽东在《新民主主义论》中指出："中国的革命实质上是农民革命"，"农民问题，就成了中国革命的基本问题，农民的力量，是中国革命的主要力量"。②1947 年，毛泽东总结革命实践经验，指出："全党必须明白，土地制度的彻底改革，是现阶段中国革命的一项基本任务。如果我们能够普遍地彻底地解决土地问题，我们就获得了足以战胜一切敌人的最基本的条件。"③ 正是基于对农民问题的正确认识，共产党将中国农民问题的解决与中国革命的出路结合起来，将中国农民的翻身解放与中国社会的变革联系起来，为中国农民开创了一条通向翻身解放的道路——农村包围城市，武装夺取政权。

土地改革使中国共产党赢得了农民的支持。1950 年 6 月 6 日，毛泽东在《不要四面出击》中指出："我们已经在北方约有一亿六千万人口的地区完成了土地改革，要肯定这个伟大的成绩。我们的解放战争，主要就是靠这一亿六千万人民打胜的。有了土地改革这个胜利，才有了打倒蒋介石的胜利。今年秋季，我们就要在约有三亿一千万人口这样广大的地区开始土地改革，推翻整个地主阶级。"④

土地改革重组了中国基层社会结构。在土地改革过程中，毛泽东非常强调"普遍发动群众""整顿基层组织"作为土地改革的第一个阶段和"一个最基本的环节"，反对恩赐，树立农民群众在农村中的

---

① 《毛泽东选集》第一卷，人民出版社 1991 年版，第 138—139 页。
② 《毛泽东选集》第二卷，人民出版社 1991 年版，第 692 页。
③ 《毛泽东选集》第四卷，人民出版社 1991 年版，第 1252 页。
④ 《毛泽东文集》第六卷，人民出版社 1999 年版，第 73 页。

政治优势，提高群众阶级自觉性，发动阶级斗争，使群众自己解放自己，实现"土地还家"。这种改革，不同于中国历史上的"改朝换代"，不同于开明皇帝用恩赐办法，"均土地，抑豪强"，实行"让步政策"，而是通过推翻旧政权，代之于人民政权，彻底砸碎旧秩序，重构了中国几千年的农村社会结构，改变了"一盘散沙"的局面，实现了全国一盘棋。经过土地改革的洗礼，民众的思想认识、行为逻辑、组织方式都适应了当时革命的需要。在广大农民的支持下国家政权直达基层社会和农民个体，改变了近代以来中国乡村分散化、离散化的历史面貌，实现了乡村社会重组和社会共同体利益最大化，巩固了党的执政根基。

2. 动员和组织民众全面抗战

1937 年 7 月，日本侵略军悍然发动卢沟桥事变，企图灭亡中国，变中国为其独占的殖民地。在这生死存亡关头，蒋介石集团实行片面抗战路线，不敢发动和依靠人民大众。中国共产党则高举抗日大旗，主张实行全面抗战路线，给人民以充分的抗日民主权利，使抗日战争成为真正的人民战争。7 月 15 日，中国共产党发布《中共中央为公布国共合作宣言》。根据国共合作协定，中共宣布撤销中华苏维埃共和国中央政府西北办事处，另行改组为陕甘宁边区政府。

为动员并组织人民群众全面抗战，并改善工农大众生活，中国共产党在坚持抗战、团结、进步方针的基础上，相继制定和实施一系列切实有效的经济方针、政策和策略，将自身命运深深植根于广大人民群众之中。召开洛川会议并通过《中国共产党抗日救国十大纲领》、展开大生产运动破解经济困局、治理根据地的通货膨胀，一系列重要的财经工作探索改善了根据地各阶级的土地占有关系和经济地位，实现了"自己动手、丰衣足食"的生产自救目标，创造了主动的贸易环境，平衡根据地财政收支，为敌后根据地军民发展经济、保障供给积累了重要而宝贵的经验，更让广大人民群众衷心、真诚拥护抗日根据地共产党新政权。

尤其是强调在财政困难时期也要重视人民的利益，改善民生必须着力解决群众生产和生活中的实际问题。1942 年 12 月，毛泽东在《经济问题与财政问题》一文中说："一切空话都是无用的，必须给人民以看得见的物质福利。""我们的第一个方面的工作并不是向人民要东西，而是给人民以东西。""就是组织人民、领导人民、帮助人民发展生产，增加他们的物质福利，并在这个基础上一步一步地提高他们的政治觉悟与文化程度。""我们应该不惜风霜劳苦，夜以继日，勤勤恳恳，切切实实地去研究人民中间的生活问题，生产问题，耕牛、农具、种子、肥料、水利、牧草、农贷、移民、开荒、改良农作法、妇女劳动、二流子劳动、按家计划、合作社、变工队、运输队、纺织业、畜牧业、盐业等等重要问题，并帮助人民具体地而不是讲空话地去解决这些问题。"[①]

此外，中国共产党十分注意减轻人民负担，增加人民收入，给人民以看得见的利益。在抗日战争时期，毛泽东提出要从两个方面减轻农民负担：一是减轻农民对地主的负担，即实行减租减息；二是减轻农民对政府的负担，即实行精兵简政与发展一部分公营经济。在这样的思想指导及党中央、毛泽东的亲自倡导下，20 世纪 40 年代初的陕甘宁边区和各个解放区开展了大生产运动。这些行动，让中国共产党得以进一步团结各个阶级和阶层，形成全民一致对外抵御日本侵略者、拯救民族危亡的命运共同体，通过动员广大人民群众的力量，实现民族整体利益。

---

① 《毛泽东文集》第二卷，人民出版社 1993 年版，第 467 页。

二、财政为社会主义事业集中社会资源

新中国成立之初，一穷二白，百废待兴。对当时状况，毛泽东感慨地说："现在我们能造什么？能造桌子椅子，能造茶碗茶壶，能种粮食，还能磨成面粉，还能造纸，但是，一辆汽车、一架飞机、一辆坦克、一辆拖拉机都不能造。"①1956 年，毛泽东在《论十大关系》中指出当时的国情，"我们一为'穷'，二为'白'。'穷'，就是没有多少工业，农业也不发达。'白'，就是一张白纸，文化水平、科学水平都不高"②。这体现出以毛泽东同志为主要代表的中国共产党人对当时的工业发展水平深感忧虑。自此之后，中国开始探索适合自身国情的社会主义建设道路，确立了社会主义基本制度。这是中国历史上前所未有的最深刻、最伟大的社会变革，也是此后中国发展成就的社会制度基础。

中国共产党领导的财政工作也从根据地财政走向建设财政，通过支持"三大改造"任务，促进社会主义公有制的形成，通过建立"统收统支"财政体制保证国家有限财力的集中使用，实现了新政权的政治稳定和社会稳定，为实现国家建设时期的社会共同利益筹集资金和配置资源，也为健全国民经济体系和工业化的形成提供了有力支撑。

1. 财政促进社会主义公有制基础的形成

为了逐步实现社会主义工业化，我国通过"三大改造"，建立起以生产资料公有制为基础的社会主义经济制度，奠定了所有制财政的基础。1953 年 6 月 15 日，毛泽东在中央政治局扩大会议上第一次对党在

---

① 《毛泽东文集》第六卷，人民出版社 1999 年版，第 329 页。
② 《毛泽东文集》第七卷，人民出版社 1999 年版，第 43—44 页。

过渡时期的总路线作了比较完整的表述。1953 年 9 月 25 日，《人民日报》正式公布了由毛泽东提出的过渡时期的总路线。内容是：要在一个相当长的历史时期内，基本上实现国家工业化和对农业、手工业、资本主义工商业的社会主义改造。1954 年 2 月党的七届四中全会通过决议，正式批准了过渡时期总路线，并于同年 9 月载入第一部《中华人民共和国宪法》。

过渡时期总路线的实质是解决所有制问题。"总路线也可以说就是解决所有制的问题。"[①] 一方面，是社会主义公有制的扩大，即国营企业的新建、扩建；另一方面，是把个体小私有制改造成为社会主义集体所有制，把资本主义私有制改造成为社会主义全民所有制。总路线是党中央制定的指导全国人民全面开始从新民主主义向社会主义过渡的基本纲领和路线。贯彻过渡时期总路线，是各条战线的根本任务，也是财政工作的根本任务和重心。国家运用财税政策和必要的财力支持，促进对农业、手工业和资本主义工商业的社会主义改造。"三大改造"的顺利完成，财政功不可没，奠定了社会主义公有制的基础。[②]

（1）财政支持农业合作化

1953 年，中共中央作出《关于发展农业生产合作社的决议》，要求采取说服、示范和国家支援的方法来使农民自愿联合起来。1955 年 10 月，党的七届六中全会（扩大）通过了《关于农业合作化问题的决议》，要求国家财政、经济各有关部门在财政和技术上对于农业合作化运动予以援助。根据这些精神，国家采取了一系列的财政措施，积极促进农业合作化运动的发展。

一是通过减免农业税促进农业合作化发展。农业合作化初期，国家对新解放区的农业税仍实行累进税制，农业合作化高潮以后，实行

---

① 《毛泽东文集》第六卷，人民出版社 1999 年版，第 301 页。

② 参见刘尚希等：《新中国 70 年发展的财政逻辑（1949—2019）》，中国财政经济出版社 2019 年版，第 107—108 页。

累进税制已无必要，一律改为比例税制。实行了采取稳定农民负担的政策。政务院在《关于一九五三年农业税工作的指示》中正式宣布，从 1953 年起，三年内全国农业税的征收指标稳定在 1952 年的实际征收水平上，不再增加，税率按 1952 年的规定执行，以减轻农民的负担，巩固工农联盟。1956 年 9 月 12 日，中共中央、国务院在《关于加强农业生产合作社的生产领导和组织建设的指示》中进一步强调："农业税的征收，已确定去年的水平，不再增加，地方附加也不能增加太多。要使合作社收入的 60% 到 70% 分配给社员，一般应做到 90% 的社员都增加收入"①。

二是运用工商税收政策促进农业合作化运动的发展。早在 1951 年 9 月 1 日，财政部发布的《临时商业税稽征办法》就明确规定，对农民、渔民、牧民、猎户自产货品持有当地乡（村）以上人民政府证明文件，可免纳临时商业税。随着过渡时期总路线的贯彻执行，1954 年修正了《临时商业税稽征办法》，对农民在一般县城及专辖市以下乡村、集镇销售自产品，无论是否达到起征点，一律免征临时商业税。1953 年 1 月 1 日发布的《关于税制若干修正》中规定，供销合作社营业税税率由原来的 2% 改为 2.5%，但实际上税负并未增加，因为把原来应纳的印花税、营业税附加，合并到调整后的营业税税率中去了。调整后，供销合作社的税率仍低于国营和私营商业 3%—3.5% 的税率，体现了扶持供销合作社的政策精神。②

三是增加对农业的财政投资巩固农业生产合作社。为了加快农业发展，国家加大了对农业的财政投资，重点支持兴修农田水利、推广新式农具、扩大优良品种等。国家集中力量治理了水患严重的淮河水系、海河水系、黄河水系和长江水系等，对防洪蓄水、减轻水旱灾害、促进农

---

① 谢旭人主编：《中国财政 60 年》上卷，经济科学出版社 2009 年版，第 101 页。

② 参见刘尚希等：《新中国 70 年发展的财政逻辑（1949—2019）》，中国财政经济出版社 2019 年版，第 109 页。

业生产的发展，都发挥了巨大的作用。同时，发放低息农业贷款，推动农业合作化。当时国家银行的农贷任务，主要是促进农业合作化，推动农业生产的发展。大量的农业贷款以及大幅度降低农业生产合作社贷款和设备贷款的利率，对打击高利贷、发展农业生产和推动农业合作化，都发挥了重要作用。此外，农业合作化由互助组向合作社发展时，针对有些缺乏牲畜、农具的贫民交纳入社股金有困难的情况，财政专门安排了贫民合作基金，解决了贫民入社的困难。①

（2）财政促进手工业的社会主义改造

一是利用税收政策支持手工业合作社发展。一方面，根据实际情况照顾个体手工业者的生产生活；另一方面，通过税收监管，引导他们走合作化道路。对于组织起来的手工业合作社，根据不同的情况，在税收上给予各种优惠和照顾。例如，1955 年 10 月，财政部发布的《手工业合作组织缴纳工商业税暂行办法》中规定，对新成立的手工业生产合作社，自开工生产的月份起营业税减半缴纳一年。对个别经营仍有困难的合作社，经县市人民委员会批准后，可在应纳营业税税额 20% 的范围内酌情再给予一定期间的减税优待。

二是拨付手工业系统各项基金和经费。毛泽东在《加快手工业的社会主义改造》一文中指出："国家调拨物资给合作社，要合理作价，不能按国家调拨价格作价。合作社和国家企业不一样，社会主义集体所有制和社会主义全民所有制有区别。合作社开始时期经济基础不大，需要国家帮助。国家将替换下来的旧机器和公私合营并厂后多余的机器、厂房，低价拨给合作社，很好。'将欲取之，必先与之'。"② 在手工业合作化过程中，不仅财政拨给手工业系统各项基金和经费，而且中国人民银行对手工业合作组织也发放了大量的长短期低息贷款，仅 1956 年一年

① 参见刘尚希等：《新中国 70 年发展的财政逻辑（1949—2019）》，中国财政经济出版社 2019 年版，第 110 页。

② 《毛泽东文集》第七卷，人民出版社 1999 年版，第 12 页。

就有 3.8 亿元。[①]

（3）财政支持资本主义工商业的改造

在初级形式的国家资本主义阶段，财政主要是促进资本主义工商业接受加工订货、经销代销。税收政策上，私营工商业接受国家的加工订货和经销代销与私营工商业相互之间的加工订货和经销代销有明显的不同。例如，接受国家加工订货和经销代销的私营工商业，工业可以按照所得的加工费、商业可以按照所得的手续费纳税，不按进销货行为纳税，而对私营工商业之间的加工业务，则限制严格，双方必须先订立加工合同，否则就要视为双方的进销货行为征税。

在高级形式的国家资本主义阶段，国家利用财政政策促进资本主义工商业接受公私合营。公私合营是资本主义工商业进行社会主义改造的具有决定意义的形式。截至 1954 年年底，所实行的公私合营都是单个企业分别进行的（当时称之为"吃苹果"），所选择的企业一般都是发展有潜力、产品有市场的大型企业，加上国家又注入资金，因此这些企业合营后的劳动生产率和利润一般都明显高于合营前。国家对合营企业的利润，采取"四马分肥"办法，即将企业利润分成四个部分：一是依据税法规定缴纳给国家的所得税，占 34.5%；二是作为企业的奖励基金，参照国营企业的有关规定和合营企业原来的福利情况适当提取，占 15%；三是作为企业的公积金，占 30%；四是其余部分作为股息红利，占 20.5%。股息红利按公私股份的比例，在国家和资本家之间进行合理分配。公股分得的股息红利，依照规定上缴国家财政；私股分得的股息红利，由股东自行分配。通过上述方法，国家财政的作用范围已经深入合营企业的内部了，对资本主义工商业的社会主义改造起着显著的作用。

在资本主义工商业的社会主义改造进入全行业公私合营阶段后，资

---

① 参见陈如龙主编：《当代中国财政》（上），中国社会科学出版社 1988 年版，第 102 页。

本家原来占有的生产资料归国家所有，由国家统一调配和使用，国家对许多企业实行合并和改组，就不可能再让每个企业各自进行盈利分配，因此必须改变原来的盈利分配办法。经过同资本家商量，资本家所得股息红利就由"四马分肥"办法改为实行统一分配盈利的定息制度。全行业公私合营和定息制度的实行，使企业的生产关系发生了根本的变化。企业的生产资料已全部由国家统一使用、管理和支配，资本家在企业中完全成为管理人员和技术人员，工人摆脱了雇佣劳动地位，成为企业的主人。这时的公私合营企业同国营企业已没有多少差别，基本成为社会主义经济了。[①]

综上所述，这一时期通过运用各项财政税收政策，到 1956 年年底，我国基本上完成了"三大改造"任务，从而奠定了社会主义公有制的基础。

2. 通过统收统支和统一物资调拨集中社会资源

1956 年 11 月，在中国共产党第八届中央委员会第二次全体会议上，毛泽东提出了如何在预算工作中反映人民的意愿的问题。在这次会议上，薄一波提出了预算编制的"二三四"原则，就是积累占国民收入的比重保持在 20%左右，国家预算收入占国民收入的比重保持在 30%左右，在国家预算支出中，基本建设支出所占的比重保持在 40%左右。毛泽东同意薄一波提出的这个原则，提出积累率可以搞得更低一些，"竭泽而渔"不好，"藏富于民"要好一些。周恩来也提出，国家建设从根本上说，都是为了人民群众的福利，在建设过程中，一定要处理好人民的长远利益和当前利益、集体利益和个体利益之间的关系，要在保证

---

① 参见刘尚希等：《新中国 70 年发展的财政逻辑（1949—2019）》，中国财政经济出版社 2019 年版，第 111—112 页。

国家建设规模逐步扩大的同时，使人民生活得到逐步的改善。①

这一时期，为了克服财经困难，平衡财政收支，更为有效、灵活地调动并集中使用现金和物资，按照"先大公后小公"的原则，统一国家财政经济工作，实行统收统支。统收统支，不仅是实现财政重建、克服财政困难的需要，也是与计划体制相适应的制度安排，是集中财力进行工业化建设的必然要求。

统一全国财政收支管理，包括统一财政收入和统一财政支出两个方面，重点在于统一财政收入，主要是公粮、城市税收以及国有企业利润。而统一财政支出管理，主要是指在厉行节约的原则下，保证军队与地方人民政府的开支及恢复国家经济所必需的投资。通过统收统支的财政体制，全国财政收支由中央统一调度，各项收入迅速增加，行政费用有所节减，赤字大为减少，全国的市场物价基本稳定，结束了国民政府遗留下来的物价飞涨、市场混乱的局面。

在这个时期，除了统一全国财政收支之外，还有一个十分重要的集中社会资源的方式，就是统一全国物资调拨。

统一全国的物资管理，就是要把国家的所有重要物资，如粮食、纱布、工业器材等，从分散的状态下集中起来，变为有效的力量，用于国家的急需方面。新中国成立前，各地仓库中堆积着许多属于国家的物资和器材。新中国成立后，为了能够迅速清理这些物资器材，合理地加以利用，有利于支持国家建设，防止物资浪费。为此，1950 年 3 月，成立了以陈云为主任、杨立三为副主任的全国仓库物资清理调配委员会，各大行政区、省、市、县，各后勤部，各工商企业及工厂，均分设仓库物资清理调配委员会。由仓库物资清理调配委员会负责全面清仓查库工作。所有仓库物资由政务院财政经济委员会统一调度、统筹安排。

---

① 参见史卫、李妮娜：《毛泽东的财政四问与中国共产党财政理论的构建》，《财政科学》2021 年第 4 期。

到 1950 年 6 月，基本查清了所有仓库存货。各工矿交通部门及其所属企业，除依照规定应保有之一定数量的固定资金及周转资金或物资器材外，其余不应保有之物资器材，均交政务院财政经济委员会调配。中央人民政府贸易部统一规定各地国营贸易机构的业务范围和统一负责物资的调配，而不受地方政府的干预，各地不能改变贸易部的业务计划，一切部队、机关不得自行经营商业。统一全国物资调拨，对于调节国内供求，有效使用各类物质，支持国家建设，发挥了重要作用。[①]

3. 财政支持经济建设和社会事业发展

1949 年之后，我国逐渐把以农村为中心的财政转变为以城市为中心的财政，把供给财政转变为建设财政。为了快速推动工业化建设，财政在支持城市和农村上存有明显的差别，财政支出主要用于城市建设和国营企业发展，而农村积累与农民福利主要是由农村内部解决，呈现城乡分治的财政特征。这一时期的财政基本属于城市财政。

新中国成立之初，财政的主要任务是巩固国家政权建设。1950—1952 年，财政支出主要用于军费、经济建设、行政办公费用等。例如，这三年军费占财政总支出的 37.8%，经济建设支出占财政总支出的 34.3%。除此之外，在财政极为困难、财力紧张的情况下，财政依然筹集部分资金用于社会事业建设。例如，这三年文教费支出占财政总支出的 11.5%。无论是经济建设、行政办公费用，还是文教费支出，基本上都是在城市范围内支出。[②]

随着计划体制的建立，财政在国家建设中的地位发生了变化，不仅需要集中财力支持经济建设，而且在社会资源配置中扮演了重要角色。

---

① 参见刘尚希等：《新中国 70 年发展的财政逻辑 (1949—2019)》，中国财政经济出版社 2019 年版，第 100—101 页。

② 参见谢旭人主编：《中国财政 60 年》上卷，经济科学出版社 2009 年版，第 86—87 页。

财政覆盖了政府、企业和城市家庭等各经济活动和行为主体，涉及生产、积累和城市居民的生活消费等各个领域，从而逐步形成了以经济建设支出为重点、大而宽的财政支出结构。

在经济建设方面，"一五"计划开始之时，经济建设支出大约占49.9%，到 1957 年，达到了 53.6%。[①] 基本建设支出是经济建设支出的主要部分。总体来看，1950—1978 年，我国基本建设支出占财政支出的比例在 30%—40%。除了基本建设支出外，财政还承担为国营企业提供流动资金的任务。

在支持社会事业发展方面，财政也进行了大量投入，支持了城市的发展和城市居民的生活水平的改善。除了承担国防、外交、行政、经济建设等支出外，财政还承担了科技、教育、文化、卫生等社会事业的支持任务，投入了大量的财政资金，初步建立了适合我国国情的科技、教育、文化、卫生等社会事业和保障体系。但由于财政几乎包揽了各项社会事业，随着社会的发展和人口的增加，财政的负担越来越重。

三、财政为改革开放重构利益关系

"不改革开放，总有一天会被开除球籍。"[②] 改革开放初期，贫困与落后，时刻面临的生存危机与被开除"球籍"的危险，让当时各方达成共识，即唯有改革方能破解贫穷落后危局，这也是撬动中国改革开放最初动力。这一时期，财政的使命就是贯彻物质利益最大化原则，通过放权与分权的改革，调整和重构多方利益关系，为改革开放奠基铺路。

---

① 参见陈如龙主编：《当代中国财政》(上)，中国社会科学出版社 1988 年版，第 145 页。

② 《坚持改革开放不动摇，不能走回头路——纪念改革开放 30 周年之三》，《人民日报》2008 年 12 月 4 日。

1.通过放权调整与农民、国营企业及地方的利益关系

改革开放初期，吃不饱饭、经济低效、发展缓慢，民众的基本生存权都难以保障。在这种背景下，财政追求效率与增长目标，通过调整多种利益关系，调动多方积极性，努力做大经济蛋糕。一是通过调整与农民的利益关系，增加对农民与农业的放权让利，调动农民生产积极性。二是通过调整与国营企业的利益关系，对国营企业实行企业基金制度和利润留成，调动生产积极性。三是通过调整中央与地方的利益关系，按照分级包干制明确划分中央与地方财政收支范围，调动地方政府发展经济的积极性。

（1）家庭联产承包调整与农民的利益关系

1978年11月24日晚上，为了解决温饱问题，在安徽凤阳县东部小岗村的茅草房内，18位农民以"托孤"的方式，冒险在土地承包责任书上按下手印，实施农业"大包干"，拉开了中国农村改革的序幕。"包产到户"的效果立竿见影，1973—1976年，小岗村全年人均口粮仅在200斤左右徘徊，年人均收入甚至不足30元，几乎每户都有出门讨饭的经历；而1979年，小岗村在遭遇罕见大旱的情况下，仍然取得了大丰收，油粮总产达到了3.5万斤，相当于之前20年产量的总和；人均收入达400元，相当于1978年的18倍。[①]

小岗村"包产到户"的做法在当时也引起了巨大的争议，但其粮食增产效果却让其他地区纷纷效仿。当计划经济的堤坝在农村逐渐裂开，改革的甜头开始激励越来越多的农村进行联产承包责任制改革，如雨后春笋般出现在神州大地上。1982年1月1日，中共中央批转《全国农村工作会议纪要》，指出农村实行的各种责任制，包括小段包工定额计酬，专业承包联产计酬，联产到劳，包产到户、到组，包干到

---

① 参见《敢想敢干敢为人先：小岗村40年有大变样》，《中国青年报》2018年1月16日。

户、到组，等等，都是社会主义集体经济下的生产责任制；1983 年中央下发文件，指出联产承包责任制是在党的领导下我国农民的伟大创造，是马克思主义农业合作化理论在我国实践中的新发展；党的十三届八中全会通过的《中共中央关于进一步加强农业和农村工作的决定》，提出把以家庭联产承包为主的责任制、统分结合的双层经营体制，作为我国乡村集体经济组织的一项基本制度长期稳定下来，并不断充实完善。

家庭联产承包责任制作为农村经济体制改革的第一步，突破了"一大二公""大锅饭"的旧体制对劳动者的束缚。而且，随着承包制的推行，农村联产承包责任制极大地调动了亿万农民生产的积极性。农村广为流传的顺口溜是："大包干，大包干，直来直去不拐弯。交够国家的，留足集体的，剩下都是自己的。"1983 年，全国粮食增产 9%，棉花产量增加 29%；1984 年，全国粮食增产 5%，棉花产量增加 35%，如图 3-1 所示。这些现实成就就是对这一改革效果最为有力的证明。

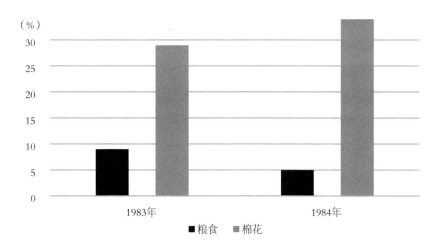

图 3-1　1983—1984 年粮食与棉花的增产幅度对比

数据来源：国家统计局农业统计司编：《中国农村统计年鉴》(1985)，中国统计出版社 1986 年版，第 47 页。

（2）扩大自主权和两步"利改税"调整与国营企业的利益关系

在计划经济体制下，经济成分较为单一，企业生产什么与生产多少都由政府决定，企业并没有自主权，事实上政府主导了企业的生产经营活动。这一体制严重制约了企业自主经营权的实现，企业的生产积极性并未得到有效发挥。基于这一背景，1978年，以扩大企业财权为导向，对国营企业实行企业基金制度。1978年11月25日，国务院批转了财政部《关于国营企业试行企业基金的规定》，对实行独立经济核算的国营企业、基本建设单位和地质勘探单位实行企业基金制。根据规定，符合条件的企业可以按工资总额的一定比例提取企业基金，用于举办职工集体福利设施，举办农副业，弥补职工福利基金的不足以及发给职工社会主义劳动竞赛奖金等项开支。

企业基金制改革拉开了中国经济改革的序幕，也是对企业放权让利改革的第一步。之后于1979年7月13日，国务院以国发〔1979〕175号《关于按照五个改革管理体制文件组织试点的通知》的形式颁发了《关于国营企业实行利润留成的规定》，规定国营企业实现的一部分利润上缴财政之后用作企业留用，留用的利润一部分用于奖励基金，一部分用于生产。同年8月17日，国家决定从1979年起扩大利润留成制实施的范围。

与企业基金制相比，利润留成制企业留利更多，而且可以将一部分留利用于生产，扩大企业生产的决策权和自主权，体现了多生产多留成、多节约多留成的激励机制，极大地调动了企业增产增收和节支的积极性。改革效果非常明显，1978—1982年，全国国营企业提取的企业基金和各种利润留成而增加的财力400多亿元，而当时每年的财政收入也不过1000多亿元。

企业基金制改革及利润留成的办法打破了统收统支制度，扩大了企业自主权和机动财力，并使企业的经营成果同职工的物质利益直接挂钩，但其弊端也很明显：一是一户一率，程序繁琐且相互扯皮；二是频繁变动，企业没有预期，且主动权仍掌握在政府手中，企业自主权依然受限。

为革除这些弊端，我国实施了两步"利改税"，进一步理顺了国家与企业之间的收入分配关系，稳定了企业的预期，赋予企业应有的责任，也激励了广大企业职工的生产积极性，同时有利于国家财政收入的增长。

专栏 3–1　两步"利改税"过程

①第一步"利改税"

1983 年 4 月，在 1980 年试点基础上，国务院批转了财政部《关于全国利改税工作会议的报告》和修改后的《关于国有企业利改税试行办法》，决定实施第一步"利改税"。第一步"利改税"主要是对有盈利的国有企业征收所得税，即对国有大中型企业实现的利润，一律按 55% 的税率征收所得税，企业缴纳所得税后的利润，一部分根据企业的不同情况，分别采取递增包干上缴、固定比例上缴或调节税等办法上缴国家，一部分按照国家规定的留利水平留给企业。

同时，国家在所得税征收时，允许企业在税前从实现利润中扣除的有：国家安排的基本建设拨款项目投产后新增利润归还专项贷款的部分。准予企业在税前从实现利润中单项留利的有：留给企业的治理"三废"产品盈利净额；提前还清基建借款应留给企业的利润；国外来料加工装配业务应留给企业的利润；国务院明文规定的其他专项留用利润。此外，国家对有盈利的国有小型工业企业按照八级超额累进税率征收所得税，对营业性的宾馆、饭店、招待所和饮食服务公司征收 15% 的所得税，不再予以贷款，而军工、邮电、粮食、外贸、农牧和劳改企业都暂不实行利改税。

②第二步"利改税"

1984 年 10 月，针对第一步"利改税"中产生的问题和社会发展需要，决定实施第二步"利改税"。第二步"利改税"改革的指导思想是：进一步处理好国家同企业的分配关系，从根本上解决企业吃国家"大锅饭"的问题，并且为解决职工吃企业"大锅饭"的问题创造条件；既要保证国家财政收入的稳定增长，又要使企业在经营管理和发展上有稳定的财力保障和自主权，在政策上使企业感到有奔头，有更大的后劲；要发挥税收经济杠杆的调节作用，体现国家的奖励和限制政策，并缓解目前价格不合理所带来的一些矛盾，以利于国民经济的调整和改革。

具体来说，就是国营企业原来上缴国家的财政收入改为分别按 11 个税种向国家缴税，也就是由税利并存逐步过渡到完全的以税代利。第二步"利改税"形成了多环节征收的复合税制。工商税按性质划分为产品税、增值税、营业税和盐税四种；对某些采掘企业开征资源税，以调节由于自然资源和开发条件的差异而形成的级差收入；恢复和开征房产税、土地使用税、车船使用税和城市维护建设税等四种地方税，以利于合理节约使用土地、房产，适当地解决城市维护建设的资金来源；对盈利的国营企业征收所得税；对国营大中型企业还要征收调节税。①

（3）"分灶吃饭"调整中央与地方的利益关系

与计划经济体制相适应，改革开放前实行统收统支财政体制，中央财政是"大管家"，事无巨细，"统得多、统得死"，这一方面使得中央财政陷入处理巨量繁杂的财政收支日常事务性工作中，无暇进行重大宏观决策；另一方面也使得地方财政无权力、无压力、无动力因地制宜行使职责，地方财政积极性难以发挥。

为此，1980 年 2 月，国务院颁发了《关于实行"划分收支、分级包干"财政管理体制的暂行规定》，决定从 1980 年起实行财政体制改革。该规定指出，为了贯彻落实中央的"调整、改革、整顿、提高"八字方针，充分发挥中央和地方两个积极性，适应逐步实现四个现代化的需要，国务院决定从 1980 年起实行"划分收支、分级包干"的财政管理体制。这次改革的基本原则是：在巩固中央统一领导和统一计划，确保中央必

---

① 参见刘尚希等：《中国改革开放的财政逻辑（1978—2018）》，人民出版社 2018 年版，第 67—68 页。

不可少的开支的前提下，明确划分各级财政和经济单位在财政管理方面的权力和责任，做到权责结合，各行其职，各负其责，充分发挥中央和地方两个积极性。财政部下发了《关于颁发实行"划分收支、分级包干"财政管理体制若干问题的补充规定的通知》。[①] 该通知就中央财政和地方财政的收支划分，中央对地方的专项拨款，财政收支包干基数，上缴、留用比例和补助定额的确定，企事业单位和基本建设单位隶属关系的变化，中央主管部门与地方财政的关系，民族自治区的财政体制等一系列问题作了进一步的明确，要求除广东省、福建省、江苏省、北京市、上海市、天津市以外，其余各省、自治区均按本规定办理。

改革的主要内容包括：一是"划分收支"。按照经济体制规定的隶属关系，明确划分中央和地方财政收支范围。二是"分级包干"。按照划分收支的范围，以 1979 年财政收支预算执行数为基础，经过适当调整以后，计算确定地方财政收支的包干基数。基数确定以后，地方的财政支出首先用地方的固定收入和固定比例分成收入弥补，如有多余，上缴中央，如有不足，则用调剂收入弥补。如果固定收入、固定比例分成收入、调剂收入全部留给地方，仍不足弥补地方支出的，则由中央财政按差额给予定额补助。三是一定"五年不变"。地方的上缴比例、调剂收入分成比例和定额补助数核定以后，原则上五年不变。这有利于地方在五年内统筹规划生产建设和各项事业的发展，有利于促进增产节约，增收节支，也有利于鼓励先进，鞭策落后。四是建立经济不发达地区发展基金。为了帮助边远地区、少数民族自治地方、革命老根据地和经济基础比较差的地区发展生产建设，中央财政根据国家财力的可能，设立支援经济不发达地区发展基金。这项资金由中央专项拨款，以便有重点地使用。五是财税制度全国统一规定。凡是涉及全国性的重大问题，如税收制度、物价政策、工资和奖金标准、企业成本开支范围和专项基金

---

① 参见谢旭人主编：《中国财政改革三十年》，中国财政经济出版社 2008 年版，第 35 页。

提取比例，以及重要的开支标准等，各地区、各部门都必须执行全国统一的规定，未经批准，不得变动。

"分灶吃饭"的财政体制，前后变化了三次，即 1980 年的"划分收支、分级包干"体制，1985 年的"划分税种、核定收支、分级包干"体制和 1988 年的包干体制。① 改革的成效是明显的，打破了过去统收统支或者统支不统收、吃"大锅饭"的局面。政府间财力的分配由"条条"为主转向"块块"为主，为日后地方财政成为独立的一级财政和财政预算的统筹安排奠定了基础，重构了中央和地方的利益分配格局，调动了地方和企业的积极性，加强了地方政府的财政管理责任，有利于经济体制和财政制度的持续创新。

2. 通过向社会分权促进社会事业发展

改革开放的基本逻辑大致包括行政性分权、经济性分权和社会性分权，分别对应着中央向地方分权、政府向市场分权、政府向社会分权这三种方式，这三类分权相互影响、相互促进。本节我们以社会性分权为重点阐述财政如何调整和重构不同社会阶层、不同利益主体的关系。

改革开放以经济改革为先，经济改革中产生了不同的利益主体，形成了不同的社会阶层，由于社会领域的改革相对滞后于经济领域的改革，计划经济思维下的单一、僵化的社会管控手段会激化部分社会矛盾，进而弱化了经济改革的效果。如何建立一种适应社会主义市场经济发展要求的新型政府与社会关系？政府向社会分权是现代社会治理的趋势，即社会性分权，要在政府有效监管的前提下鼓励社会组织的发展，激发社会主体活力，让各类主体平等参与社会治理，保障改善民生，促

---

① 参见谢旭人主编：《中国财政改革三十年》，中国财政经济出版社 2008 年版，第 35—39 页。

进社会公平，推动社会有序和谐发展。

党的十二届三中全会通过的《中共中央关于经济体制改革的决定》提出"社会事业改革创新"和"创新社会治理体制"，为社会治理改革指明了方向。接下来的一段时期，我国推动了以民生改善为重点的社会建设，重点推进教育体制改革、医疗卫生体制改革、社会保障体制改革、科技体制改革、事业单位改革，着力防范化解民生风险，充分实现"以人民为中心"的发展理念，广大民众将因此共享改革成果，推动社会繁荣进步。在此，我们以教育体制改革为例，分析财政的作用。

2005 年 12 月，国务院发布《关于深化农村义务教育经费保障机制改革的通知》（国发〔2005〕43 号），逐步将农村义务教育全面纳入公共财政保障范围，建立中央和地方分项目、按比例分担的农村义务教育经费保障新机制。2006 年 9 月 1 日起开始实施新的《义务教育法》，规定"实施义务教育，不收学费、杂费"，从法律的层面确立义务教育经费保障机制。2007 年春，"免杂费、免书本费、逐步补助寄宿生生活费"的惠民政策实现了对全国 40 万所农村中小学近 1.5 亿名学生的全面覆盖。2008 年秋，全国免除城市义务教育学杂费。2010 年，国务院颁布《国家中长期教育改革和发展规划纲要（2010—2020 年）》，启动实施农村义务教育薄弱学校改造计划，实施中小学教师国家级培训计划，推行农村义务教育学生营养改善计划，大力推进义务教育均衡发展。2018年中央财政教育领域转移支付 84% 左右投向中西部地区。扩大普惠性学前教育资源，使得学前教育毛入学率达到 81.7%。巩固城乡统一、重在农村的义务教育经费保障机制，九年义务教育巩固率为 94.2%，大班额、超大班额比例下降。支持加快发展现代职业教育和推进"双一流"建设。

通过优化财政投入结构，我国的教育改革攻坚克难，质量不断提升。教育作为基本公共服务的重要内容，其普惠程度不断加强。城乡义务教育财政投入机制不断完善，教育差距不断缩小，保障每一位学生享有机会公平。学前教育与职业教育力度不断加强，有利于完善教育体系，健全人才培养机制。

3.通过基本公共服务均等化调整城乡利益关系

随着工业化和城镇化的快速推进，以农民工为主体的人口大规模流动使中国从"静态社会"快速转变为"动态社会"，大量的剩余劳动力转移为工业化和城镇化发展作出了积极贡献，但是却未能享有应有的民生权利。财政改革就要从庞大流动人口群体的基本民生权利保障入手来考虑，城乡区域人口大规模流动对公共服务均等化、中央与地方之间的财政责任划分提出了新的挑战。流动儿童的教育、流动人口的医疗和养老、农民工的基本住房保障以及公共服务的同城待遇等民生问题，都要求财政从地理静态转向人口动态，让"公共服务找人"，而不是让"人去找公共服务"，这样让包括流动人口在内所有人的基本权利都得到切实保障。中央转移支付与农民市民化挂钩、实现流动儿童生均经费可携带、与人相关的基本公共服务领域中央与地方财政共同事权和支出划分改革等，表明财政改革正朝着"治权"方向前进，为国家治理现代化奠定基础。

（1）从城乡二元结构到以人为核心的新型城镇化

改革开放以来，我国城镇化经历了一个起点低、速度快的发展过程，在取得举世瞩目成就的同时，也存在一些突出矛盾和问题，如土地城镇化快于人的城镇化，建设用地粗放低效；城镇空间分布和规模结构不合理，与资源环境承载能力不匹配；城市管理服务水平不高等，阻碍了城镇化的高质量发展。尤其是城乡基本公共服务差距，户籍人口与外来人口间公共服务差距造成的二元结构矛盾日益凸显，依靠非均等化基本公共服务压低成本推动城镇化快速发展的模式不可持续。亦即，我国高质量城镇化进程更加以人为核心，关注人的城镇化进程。

2014 年，《国家新型城镇化规划（2014—2020 年)》发布，明确要紧紧围绕全面提高城镇化质量，加快转变城镇化发展方式，以人的城镇化为核心，有序推进农业转移人口市民化；以城市群为主体形态，推动大中小城市和小城镇协调发展；以综合承载能力为支撑，提升城市可持续发展水平；以体制机制创新为保障，通过改革释放城镇化发展潜力，走以人为本、"四化同步"、优化布局、生态文明、文化传承的中国特色新型城镇化道路。

2017 年，国务院《"十三五"推进基本公共服务均等化规划》指出，新型城镇化推动城乡人口结构变化，对公共服务供给结构、资源布局、覆盖人群等带来较大影响，要以推进城乡基本公共服务均等化为主线，2020 年实现大体均衡。随后，新型城镇化的质量和水平不断提升，农业转移人口市民化步伐加快，户籍制度改革意见、居住证制度以及人地挂钩、支持农业转移人口市民化财政政策等关键性配套政策相继出台，推进城乡基本公共服务均等化和城镇基本公共服务常住人口全覆盖。

无论是人的全面发展，还是社会的公平正义，都需要适应新型城镇化建设、健全城乡一体化的公共服务供给体系。以义务教育为核心，统一城乡学生"两免一补"政策，实现"两免一补"和生均公用经费基准定额资金随学生流动可携带，一定程度上解决了农村学生大量涌入城市给城市义务教育带来的压力。通过制度机制设计，把城乡义务教育经费保障机制的投入政策、投入标准、中央与地方经费的分担比例确定下来，搭建起一个全国统一的义务教育投入的制度框架。随着更多的公共服务在城乡之间实现均等化供给，我国的城镇化进程进入一个更全面、更充分、更高品质的发展阶段。

（2）农业转移人口市民化

支持农业转移人口市民化的一系列政策措施，不是几项财政补助政策的简单叠加，而是财政政策的系统重构，形成了较为完备的政策支持体系，涵盖了教育、医疗、社会保障、就业等基本公共服务主要领域。

2014 年开始实施的新型城镇化建设以人为核心，强调推进农业转移人口市民化，稳步推进城镇基本公共服务常住人口全覆盖。这是推进以人为核心的新型城镇化的首要任务，也是破解城乡二元结构的根本途径。财政是国家治理的基础和重要支柱，财政在新型城镇化建设过程中的重要作用不言而喻，通过完善转移支付制度、拓宽城市基础设施建设运营和公共服务供给的资金来源，以及加大基本公共服务的资金投入和税收优惠等措施，保障了农业转移人口的基本权益，大大提高了基本公共服务均等化的程度。

2016 年，《国务院关于实施支持农业转移人口市民化若干财政政策的通知》（国发〔2016〕44 号）发布，要求建立健全支持农业转移人口市民化的财政政策体系，将持有居住证人口纳入基本公共服务保障范围，创造条件加快实现基本公共服务向常住人口全覆盖。这一政策的出台，标志着我国城镇化产生了质的飞跃，实现了从物的城镇化到人的城镇化的跨越，保障了人的发展权。

建立财政转移支付同农业转移人口市民化挂钩机制，是支持农业转移人口市民化的财政政策体系的关键。通过完善均衡性转移支付办法，在测算各地区标准财政支出时适当考虑外来人口因素，逐步解决流动人口带来的迁入迁出地公共服务保障规模不相匹配的问题。

（3）民生财政注重人的全面发展

"民惟邦本，本固邦宁。"民生一直是我们党促进人的全面发展的出发点和落脚点。党的十八大以来，党中央始终注重民生、保障民生，奋力铸就大国民生改善新篇章。与党的十八大之前相比，民生工作发生了多方面的重大改变。

一是理念更加自觉，将民生建设与全面建成小康社会、实现中华民族伟大复兴的中国梦有机统一起来。二是目标更加明确，把我们党的奋斗目标与人民对美好生活的向往有机统一起来。三是思路更加清晰，更有针对性，也更加务实，一再强调要托"底"、保"底"，要突出"重点"。

四是更加注重制度建设，强调建立和完善保障民生的体制机制。五是更加注重社会公平正义，正确处理市场与效率、发展与分配的关系。六是民生财政支出规模和支出覆盖面都在不断扩大，我国民生事业各个领域都取得了重大成就。

2016 年 11 月，国际社会保障协会(ISSA) 在第 32 届全球大会期间，将"社会保障杰出成就奖"（2014—2016）授予中国政府，以表彰我国近年来在扩大社会保障覆盖面工作中取得的卓越成就。[1]

中国改革开放 40 多年的实践表明，我国的民生不同于西方国家的福利，我们国家的民生强调"托底"和"抓重点"的概念，这也符合现阶段我国经济发展和财政工作的基本国情。托底是解决有无的问题，首先致力于建设基本全覆盖的较低水平的保障体系，保障基本民生，通过抓重点人群、重点地域、重点领域的民生问题，确保人人能享受到国家发展的福利；然后再随着国家经济发展和人民群众的现实需要，稳步提高保障水平，同时避免了拉美式的"福利赶超"带来的"中等收入陷阱"。

从内容上看，我国的民生不仅要满足人民最基本的"衣食住行"，而且要满足人民美好生活的方方面面的需求，高度强调人的全面自由发展。从经济学角度去理解，民生的载体是消费，改善民生就是要提升民众的消费能力，实现公共服务的供给与消费能力的匹配，改善民生同时也是缩小民众消费能力的差距，控制人民在消费过程中的风险。从社会学来看，民生所依托的消费对应着人的全面发展，是社会成员素质、能力提升的过程。这不仅仅涉及物质产品的消费，同时还包含精神产品的消费，培养人的技能，提高人的文化素质，实现人的生产和再生产，体现的是人的全面发展过程。

因此，我们应当牢牢把握住财政工作中"以人为本"的中心思想，

---

[1] 参见罗平汉：《治国理政这五年——十八大以来中国新巨变》，人民出版社 2017 年版，第 111 页。

明确民生财政的人本主义，促进人的生产和再生产，进而实现人的全面自由发展，确保人民能够通过自身的努力实现幸福生活，共享国家经济发展成果。

四、财政为实现共同富裕调节利益关系

党的十八大以来，伴随经济快速发展，我国人均可支配收入持续增长，2013年全国居民人均可支配收入为18311元，而2020年已跃升至32189元。但居民收入增长不均衡，也逐步成为社会和决策层重点关注的话题。20世纪80—90年代邓小平多次提到中国未来要走共同富裕的道路。党的十九届五中全会提出，到2035年"全体人民共同富裕取得更为明显的实质性进展"。财政作为国家治理体系的基础和支柱，在实现共同富裕中发挥着关键作用，通过调节收入分配、促进社会公平、兜底民生保障，调节社会结构中不同阶层和群体的利益关系，实现社会共同利益最大化，推进共富社会形态的构建。

1. 以实现共同富裕为目标塑造更加合理的社会结构

社会结构是社会形态的支撑性力量，能够反映社会中不同阶级、阶层和群体权力、财富和地位的分布状况，社会结构是否合理是衡量社会健康与否的核心指标。中国共产党成立百年来，构造了一个以公有制为基础，以"中国梦"为最大公约数的动态、多元、复杂社会。面对社会中多元利益诉求碰撞、利益冲突、财富两极分化、阶层逐渐固化等一系列问题，通过财政在不同时期的变革，塑造更加合理的社会结构，构建更加良性的政党与社会互动关系，以更好地包容不同群体的利益，协调好不同的利益诉求。

党的十八大报告明确指出，规范收入分配秩序，保护合法收入，增加低收入者收入，调节过高收入，取缔非法收入。新一轮以"提低、控高、扩中"为主线的政策工具更强化了塑造"橄榄型"社会结构的力度，向共同富裕目标更加迈进。这种社会结构的塑造将能够极大缓解民众基本利益诉求压力，不同群体利益诉求的回应方式将转向以调节和协调利益纠纷、化解利益冲突为主，而这正是成熟社会的表现特征。在塑造中国社会结构的过程中，一方面努力遵循现代社会的发展规律，继续推动社会阶层不断分化，通过不断扩大中等收入比重来保障社会持续繁荣和稳定；另一方面则不断加强社会整合，努力避免出现社会两极分化和阶层固化对立情况。

2021年8月17日召开的中央财经委员会第十次会议强调，"要坚持以人民为中心的发展思想，在高质量发展中促进共同富裕，正确处理效率和公平的关系，构建初次分配、再分配、三次分配协调配套的基础性制度安排，加大税收、社保、转移支付等调节力度并提高精准性，扩大中等收入群体比重，增加低收入群体收入，合理调节高收入，取缔非法收入"。在向着第二个百年奋斗目标迈进之际，党中央召开会议研究扎实促进共同富裕问题，具有深远而重大的意义。这也意味着，中国共产党将以共同富裕来塑造更加合理的社会结构，调节不同社会利益阶层和群体的利益关系，形成更加合理的社会形态。

2. 从注重物的利益分配到注重人的发展

过去的发展主要依靠物质资本积累，更多强调资源、资本对经济增长的促进作用，甚至把资源、资本当成决定性因素。共同富裕是中国人民数千年来孜孜以求的理想，但过去很长一段时间都是在强调通过物品的平均分配去实现共富。尤其在两极分化的历史时期，"均贫富"曾被视作共同富裕的主要方式。从农民起义到工人运动，无一不是从分配上做文章。从生产成果的分配到生产资料的分配，反映出社会革命的深度、广度和烈度。这些都是人类文明进程中追求共同富裕的早期探索。历史实践表明，"均贫富"并不能实现所有人的共同发展，甚至可能使发展陷入停滞不前的境地。进入新发展阶段后，需要构建新的发展观，必须依靠人力资本，通过人的能力、知识和创新，破解发展过程中面临的各种难题。

中国特色社会主义道路是一条基于人本逻辑，从中国实际出发去实现现代化的道路。在推进共同富裕的过程中，我国主动转向人本逻辑，这是以人民为中心的发展思想的体现，与当前实施的高质量发展和创新驱动发展战略在逻辑上高度契合。人本逻辑的要义是彰显人的主体性、创造性和文明性，形成新的螺旋式上升的社会发展逻辑（人的发展—物质发展—人的发展），以替代物本逻辑下的发展公式（物质发展—人的发展—物质发展），把人的发展从手段、要素的定位，转变为发展的出发点和落脚点。

坚持以人民为中心，以人本逻辑为主导，就可以形成新的发展模式：目的与手段内在一致、公平与效率深度融合、质量与速度高度统一。当前，我国正着力构建新发展格局，需要从供需两侧同时发力，包括加快推动要素市场化配置改革、扩大中等收入群体、保障改善民生等。这都是从"物"的视角来为"人"的发展创造条件，而人的发展最终离不开我们经常谈到的消费。经济意义上的消费，是促进国内大循环的重要抓手，能有效拉动经济增长；而社会意义上的消费，是人的发展过程，是人的素质能力提升过程，也是人力投资和人力资本积累的过程。从人的发展来说，消费的分配比收入的分配、财富的分配更具有实质性意义和社会价值。消费包括私人消费和公共消费，这意味着消费的分配为政府发挥作用提供了一个天然的接口。消费的人力资本化又为收入分配和财富分配提供了起点平等、机会平等，可间接促进物质分配的改善。

按照"人人参与、人人尽力、人人共享"的社会治理模式，共同富裕的前提是"人人努力"，而"人人努力"还有一个更大前提，即"人人参与"。消费分配的改善，所有人能力的提升为此创造了条件。人的发展以及所有人的全面发展，必须放到整个社会当中才能更加清楚地认识，局限于经济体系是远远不够的。参与市场，是实现人的能力提升的主要途径，但基本能力实现人人拥有，则需要在社会发展之中孕育。从这个意义上讲，经济的发展是嵌入整个社会发展之中的，共同富裕是以国民能力的普遍提升为基石的。①

3. 从缩小个体差距到关注群体差距

共同富裕是全体人民的富裕，不是少数人的富裕，也不是整齐划一的平均主义。个体之间的能力和贫富差距是一种发展中永恒的现象，在任何社会条件下都不可能完全消除，但通过个人努力，个体的境况是可以改变的，或能够缩小与他人之间的差距。然而，当这种差距的性质转变为一个群体性现象时，就很难再通过个人努力去改变。同工同酬、同城待遇以及起点平等、机会平等也就成为一种奢望。当前来看，我国表现最为突出的是城乡二元结构下的群体性差距。

在城乡分治的背景下，农村人口过去受户籍制度束缚，难以实现跨区域的自由流动，或者只能通过考学、参军两条主要路径去改变原有生存状况。改革开放后，外出务工逐渐成为农村人寻求机会、改变命运的重要途径。然而，这些人即便长期在城市务工生活，因受到社会身份的约束，仍难以平等享受到同城市民待遇。农民这个群体在市场经济条件下有了外出务工的自由，但在二元社会结构下，难以举家迁徙到想去的城市，即便迁徙了也难以获得市民身份。近年来，我国通过各种政策和财政投入大大改善了农民户籍所在地的生产生活条件，消除了绝对贫

---

① 参见刘尚希：《共同富裕：基于所有人的全面发展》，《北京日报》2021 年 9 月 6 日。

困，解决了温饱问题，但要实现农民的致富目标仍存在巨大挑战。在农村大力发展产业，往往没有城市的经济效率高。加上农民人力资本积累不足、劳动技能普遍偏低、子女教育缺乏平等机会等原因，导致农民致富和家庭条件改善比市民更难。这种社会身份体制除了户籍以外，还有体制内、体制外、编制内、编制外、工人身份、干部身份等不同情形。当经济的不平等和社会身份的不平等之间一旦相互关联，甚至相互强化时，缓解群体性差距，进而实现共同富裕的设想，就会变得尤其困难。前不久社会广泛讨论的"租购同权"政策，实质上也是与之相关联的问题。当公共服务不能被居民平等享受的时候，推进区域之间的基本公共服务均等化的目标就难以实现。

社会基本权利不平等会导致机会的不平等，机会不平等使得群体能力普遍偏弱，而能力普遍偏弱又会导致收入水平偏低。这种传导机制，最终导致庞大低收入群体的形成，无形之中扩大了社会的贫富差距。我们发展社会主义市场经济，应当遵循社会主义的内在价值要求，就是要从促进社会平等出发，进一步加快社会改革，为经济平等创造条件。只有机会与规则更加平等了，中等收入群体扩大才有条件和可能，促进共同富裕的路径就能打通。针对城乡二元结构下的群体性差距，关键要改变以户籍制度为标志的城乡二元体制以及社会身份的分层体制，促进人口和家庭的自由流动以及基本公共服务的均等化。①

4. 从强调利益分配结果到强调消费过程

物质生活的共同富裕可以从两个方面衡量：一是收入，二是财富。从现实生活来看，还有一个能够体现共同富裕的维度是消费的差距，这一维度能反映出共同富裕的水平和贫富的差距。

---

① 参见刘尚希：《共同富裕：基于所有人的全面发展》，《北京日报》2021 年 9 月 6 日。

如果从收入和财富来谈共同富裕问题，那这是基于分配结果来讨论。但怎么实现共同富裕，从动态循环的角度来看，还需要找到分配的起点在哪里。中国特色社会主义新时代的共同富裕，不是牺牲效率的平均主义，更不能养懒汉，而要鼓励勤劳创新致富，让每个人能够公平享有发展的机会，畅通向上流动的通道。

消费是人的能力提升和人力资本积累的过程，也是为经济提供目的和创造条件的过程。消费包括私人消费和公共消费，二者应当形成合力，以更好满足每个人的基本消费，即基本营养、基本教育、基本医疗、基本住房的需要，以此保障每个人都有平等机会获得基本能力，实现起点和机会的公平。

可以说，共同富裕的充分必要条件是保障所有人获得基本能力。收入不能替代能力，收入差距缩小也不能等同于能力差距就缩小了。能力提升主要来自社会消费的过程。消费的可获得性涉及收入水平，而消费的可及性与收入无关，比如教育、健康等消费，并不是有钱就能解决的问题。鉴于消费事关人力资本的形成和人的发展，在这些方面的支出越来越被人们当作"人力投资"看待，其地位甚至比物质投资更为重要。

共同富裕是社会主义的本质要求，是人民群众的共同期盼。若社会成员的能力得到普遍提升，群体性差距得到有效弥合，人人拥有向上流动和全面发展的机会，社会的公平与效率也就自然融合了，贫富差距有望进一步缩小，共同富裕的目标就有了希望。[①]

五、大国财政推动实现全球共同利益

2012 年，党的十八大作出了"构建人类命运共同体"的重大决定，

---

① 参见刘尚希:《共同富裕:基于所有人的全面发展》,《北京日报》2021 年 9 月 6 日。

成为新时期我国大国治理的关键理念及外交、财经和政府间合作的重要主题。习近平总书记在一系列国际场合提出建设人类命运共同体的重要倡议，向国际社会提供了一份思考人类发展的"中国方略"，成为引领中国对外发展的一面重要旗帜。① 中国也持续为这一构想的实施作出许多富有成效的努力。

共同利益是国际合作、国际交往发生、发展的客观基础和最主要的动力，建设人类命运共同体必须写好"共同利益"的篇章，厚植利益因子，形成共同意愿，达成合作共识，齐心协力同行，实现互惠共赢。当今世界正经历百年未有之大变局，全球格局变化已导致全球风险加剧，风险共同体关系正在逐渐形成，全球利益分配随着全球格局变化而不断演变。全球格局变化中印刻着大国博弈的影子，大国博弈的背后是"大国财政"的较量。大国财政通过参与全球资源配置，承担全球风险治理责任，实现全球利益分配，进而化解全球公共风险，引领人类文明进程。新时代应该更加关注大国财政，使得大国财政更好地服务于大国国际话语权的提升并推动全球公共风险的有效治理。

1. 以实现全球共同利益打造人类命运共同体

人类社会天然是一个利益共同体。历史和现实都表明，当每一个国家行为体都基于同样的初衷而矢志不渝地向着自己设定的最优化目标迈进时，国际社会就可能会呈现出矛盾、冲突、较量甚至战争的行为。共同挑战和外部性威胁使人类社会命运与共。当前人类社会面临着日益增多的全球性问题，以军事威胁为代表的传统安全威胁不但迄今阴魂不散，而且非传统安全威胁愈演愈烈，恐怖主义肆虐、生态环境恶化、毒

---

① 参见梁周敏、姚巧华：《"人类命运共同体"与共同利益观》，《光明日报》2016 年 10 月 2 日。

品走私以及跨国犯罪等问题层出不穷。2020 年伊始的新冠肺炎疫情更是体现出跨国性全球性特征，其所带来的危害扩散性表明，国与国之间一荣未必俱荣，但一损俱损却是不争的客观事实。人类社会比以往任何时候都更加需要抱团取暖，更加注重国与国之间的合作。

共同利益是共同体生命之源。纵观近代以来人类自觉不自觉地形成的大小不同、区域不一的政治、经济、文化甚至军事等各类共同体，它们之所以能诞生并发展，就在于人们认识到彼此之间无法割舍的共同利益；这些共同体之所以能展现出生机和活力，是因为共同利益在各方的精心呵护和共同培育下都得到了增长和扩展。共同利益孕育着"一个行为体的行为因适应另外行为体的行为而进行调整"的合作可能，是命运共同体获得生命和生机的客观基础和强大动力。

在构建人类命运共同体的进程中，习近平总书记在多个场合、多次用"利益共同体"指明中国和其他国家、地区之间的关系，强调厚植共同体各方利益的互惠原则。2013 年 3 月 23 日，习近平主席在莫斯科国际关系学院发表题为《顺应时代前进潮流　促进世界和平发展》的重要演讲，首次提出"人类命运共同体"的理念。他指出："这个世界，各国相互联系、相互依存的程度空前加深，人类生活在同一个地球村里，生活在历史和现实交汇的同一个时空里，越来越成为你中有我、我中有你的命运共同体。"①2015 年 9 月 28 日，习近平主席在纽约联合国总部出席第 70 届联合国大会一般性辩论并发表题为《携手构建合作共赢新伙伴　同心打造人类命运共同体》的重要讲话。2017 年 1 月 17 日，习近平主席出席世界经济论坛 2017 年年会开幕式并发表题为《共担时代责任　共促全球发展》的主旨演讲，面对"世界怎么了、我们怎么办？"的问题，习近平主席向世界发出中国声音，提出中国方案。2017 年 1 月 18 日，习近平主席在瑞士日内瓦万国宫发表题为《共同构建人类命运共

---

① 《习近平谈治国理政》第一卷，外文出版社 2018 年版，第 272 页。

同体》的主旨演讲，以大国领袖的责任担当，深刻、全面、系统地阐述人类命运共同体理念。2020 年 9 月 14 日，习近平主席在北京同欧盟轮值主席国德国总理默克尔、欧洲理事会主席米歇尔、欧盟委员会主席冯德莱恩共同举行会晤，会晤以视频方式举行。习近平主席强调：中方愿同欧方在双边、地区、全球层面加强对话和协作，坚持共商共建共享的全球治理观，维护以联合国为核心的国际秩序和国际体系，推动政治解决国际和地区热点问题，推动构建人类命运共同体。2020 年 11 月 10 日，习近平主席在北京以视频方式出席上海合作组织成员国元首理事会第二十次会议并发表重要讲话，首次在上海合作组织框架内提出构建"卫生健康共同体""安全共同体""发展共同体""人文共同体"的重大倡议。在实践中，中国秉持共同利益观，以利益共谋共享，打造利益共同体。

2. 风险全球化与构建风险共同体

风险是普遍存在于经济社会发展过程中的，需要不同经济主体的协同配合来有效应对。而且随着经济社会的不断纵深发展，跨国贸易网络已经遍布于全球各个角落，风险沿着产业链与价值链不断扩展延展，从局部经济风险逐渐演变为全球经济风险。

随着经济社会的纵深发展，全球的贫富差距与经济失衡越来越严重。尤其是经济风险、金融风险、社会风险以及财政风险，越来越超出一个国家的地理边界而外溢到全球范围，且风险的深度和广度正在不断拓展。1997 年的东南亚金融危机波及了东南亚诸多国家，经济发展水平普遍下降。2008 年的金融风暴源于美国，后续引发了欧债危机，严重挫伤了新兴发展中国家的发展积极性，金融危机最后蔓延到全球各个国家，导致全球经济的显著衰退。

目前正在加速的全球化进程具有非均衡的特征，也即全球化进程中各个国家的风险分配与经济收益并非处于平等的地位。以美国为主导的发达国家与其他国家的全球化地位悬殊，处于主导地位的大国财富在全球化进程中不断积累，风险转嫁能力强，而发展中国家尤其是贫困的经济体则很难在全球化进程中获益，风险消化能力弱且容易陷入贫困陷阱。大数据时代的来临使得这一现象更为普遍，信息传递瞬间可达，使得全球风险的蔓延速度大大加快。加之社会再生产的产业链越来越长，每一个环节的不确定性都在增加，风险的传递越来越频繁，局部风险演变为全球风险的速度也在加快，这就为全球风险治理提出了新要求。

为解决风险全球化所带来的不利后果，只有联合起来共同发展才能规避全球风险，强化风险共同体意识，应对全球风险才能更加有效。比如发生金融危机后，世界上很多国家开始在财政政策、货币政策上协调，大家共同行动。让大家意识到如果不采取集体行动，整个国际金融形态将发生崩溃。有了这种风险的理性，也就形成了风险共同体。风险共同体是随着风险全球化而形成的，也是为应对风险全球化而形成的。共同体意识有利于塑造风险理性，为解决系统性全球公共风险提供了发力点。但这还远远不够，在风险全球化的背景下，更需要全球范围内具有影响力的国家发挥大国财政的风险治理功能，平抑全球风险。①

3. 大国财政主导下的全球利益分配和风险分配

通常情况下，对财政问题的研究都是站在某一经济体内部来展开的，而对大国财政的认识则应突破这一思维惯性。大国财政建立在大国经济实力基础上，通过参与全球资源配置，承担全球风险治理责任，实现全球利益分配，进而化解全球公共风险，引领人类文明的进程。

全球风险问题的缓解在于全球公共事务责任的承担，而与其相关的

---

①　参见刘尚希等：《新中国 70 年发展的财政逻辑（1949—2019）》，中国财政经济出版社 2019 年版，第 265—266 页。

利益在享用上的非排他性又鼓励所有潜在行为体逃避责任或者成为搭便车者。因此，全球问题、全球公共事务、全球集体行动构成全球风险治理的三大重要支柱。作为一个发展中大国和新型的大国，中国是全球风险治理的倡导者、实践者和推进者。进入 21 世纪以来，中国正在积极参与全球治理，提出新安全管理、新文明观和新发展观，以及提出建设人类命运共同体的理念。中国正在深度参与"全球风险治理"，中国方案所蕴含的智慧正在逐步为世界所认同，这有利于国际新秩序向公平合理的方向调整，有利于全球公共风险的预防和消除。

作为崛起中的新兴大国，中国的大国财政也正在保障本国利益的前提下承担起全球风险治理中大国应有的责任。① 党的十八大以来，中国努力推动互利共赢的国际发展合作，成为推动构建平等公正、合作共赢国际经济新秩序的中坚力量，展示了一个负责任的发展中大国的泱泱风范。大国财政也在向世界展示中国方略。其中，较有代表性的是"一带一路"倡议的财政政策。

2013 年 9 月和 10 月，习近平总书记在出访中亚和东南亚国家期间，先后提出共建"丝绸之路经济带"和"21 世纪海上丝绸之路"的重大倡议。指出："'一带一路'建设秉持的是共商、共建、共享原则，不是封闭的，而是开放包容的；不是中国一家的独奏，而是沿线国家的合唱。""'一带一路'建设不是空洞的口号，而是看得见、摸得着的实际举措，将给地区国家带来实实在在的利益。""一带一路"倡议得到沿线国家的热烈响应："一带一路"建设的愿景与行动文件已经制定，亚洲基础设施投资银行（AIIB）、金砖国家新开发银行（NDB）和丝路基金顺利启动，一批基础设施互联互通项目稳步推进。②

---

① 参见刘尚希等：《新中国 70 年发展的财政逻辑（1949—2019）》，中国财政经济出版社 2019 年版，第 267 页。

② 参见刘尚希等：《新中国 70 年发展的财政逻辑（1949—2019）》，中国财政经济出版社 2019 年版，第 256—257 页。

专栏 3-2　亚洲基础设施投资银行

由中国作为发起国家的亚洲基础设施投资银行和金砖国家新开发银行的组建和发展是提升国际基础设施建设，完善国际基础设施投融资体系的重要举措，也是我国真正意义上进入世界基础设施投资核心国家的重要标志。

2013 年 10 月，由习近平主席倡议，以亚洲国家为基础，筹建亚洲基础设施投资银行（AIIB），以促进本地区互联互通建设和经济一体化进程，向包括东盟国家在内的本地区发展中国家基础设施建设提供资金支持。AIIB 将同域外现有多边开发银行合作，相互补充，共同促进亚洲经济持续稳定发展。

2014 年 10 月，首批 22 个意向创始成员国代表签署了《筹建亚洲基础设施投资银行备忘录》。2015 年 6 月，50 个意向创始成员国代表共同签署《亚洲基础设施投资银行协定》，另外 7 个国家随后在年底前先后签署。12 月，《亚洲基础设施投资银行协定》达到法定生效条件，AIIB 正式宣告成立。

成立之后的 AIIB 肩负以下四个基本使命：第一，AIIB 奉行开放的区域主义，同现有多边开发银行相互补充，应该以其优势和特色给现有多边体系增添新活力，促进多边机构共同发展，努力成为一个互利共赢和专业高效的基础设施投融资平台，在提高地区基础设施融资水平、促进地区经济社会发展中发挥应有作用。第二，亚洲基础设施融资需求巨大，是一片广阔的蓝海，新老机构互补空间巨大，可以通过开展联合融资、知识共享、能力建设等多种形式的合作和良性竞争，相互促进，取长补短，共同提高，提升多边开发机构对亚洲基础设施互联互通和经济可持续发展的贡献度。第三，AIIB 结合国际发展领域新趋势和发展中成员国多样化需求，创新业务模式和融资工具，帮助成员国开发更多高质量、低成本的基础设施项目。AIIB 以发展中成员国为主体，同时包括大量发达成员国，这一独特优势使其能够成为推进南南合作和南北合作的桥梁和纽带。第四，AIIB 按照多边开发银行模式和原则运作，并充分借鉴现有多边开发银行在治理结构、环境和社会保障政策、采购政策、债务可持续性等方面好的经验和做法，取长补短，高起点运作。

为支持 AIIB 的组建和发展，我国作为第一大出资国和最大的股东出资

298 亿美元，并作为理事会主席国和重大决议的决策国而发挥作用。此外，中国作为 AIIB 倡议方，还向银行设立的项目准备特别基金出资 5000 万美元，用于支持欠发达成员国开展基础设施项目准备。

4. 人类命运共同体构建中的大国财政

主导全球资源配置、支撑全球公共事务、实现人类共同利益和防范化解全球公共风险的能力，是大国财政区别于国家财政的重要标志。大国财政本质上是一种风险分配关系，是对各种不能消除的公共风险进行权衡选择的一种制度设计。与国家财政职能相适应，大国财政的职能应该是参与全球资源配置、实现全球利益分配、承担全球风险治理责任以及防范化解全球公共风险。这四个方面既是大国财政的核心内涵，也是大国财政的基础定位。[①]

以人类命运共同体为核心目标的大国财政是中国财政发展新时代特征的重要体现。伴随着全球经济治理体系的调整与改革，在"一带一路"、上海合作组织、金砖五国、亚太经济合作组织（APEC）和二十国集团（G20）中，中国都发挥着重要的核心作用，并以大国财政的担当居于关键性的主导地位。如在上海合作组织中，中方支持逐步建立区域经济合作制度性安排，支持建立地方合作机制，并积极开展中小企业合作；在加强"金砖国家"的协作上，中国积极支持寻找发展政策和优先领域的契合点，继续向贸易投资大市场、货币金融大流通、基础设施大联通目标迈进，谋求经济、社会、环境效益协调统一，实现联动包容发展[②]；在 G20 机制中，中国提出加强宏观政策协调，合力促进全球经济增长、维护金融稳定、继续支持多边贸易体系，避免发生全球

---

① 参见刘尚希等：《中国改革开放的财政逻辑（1978—2018）》，人民出版社 2018 年版，第 447 页。

② 参见《习近平谈治国理政》第二卷，外文出版社 2017 年版，第 492 页。

金融"踩踏事件"和反对贸易保护主义；而在 APEC 体系中，中国提出"经济全球化在形式和内容上面临新的调整，理念上应该更加注重开放包容，方向上应该更加注重普惠平衡，效应上应该更加注重公正共赢"。中国日益成为推进人类命运共同体建设的重要力量，国际舞台上的"中国声音"日渐增大，中国道路、中国模式和中国力量越来越成为全体经济治理体系中不可或缺的重要基础和支撑条件。

大国财政力量的增强不仅仅表现在经济方面，同时意味着以中国为代表的新兴经济体将会打破西方大国财政主导全球风险治理的格局。随着中国经济的崛起和国际影响力的增大，中国既要有大国的国际责任感，又要尽可能地实现国家利益的最大化。处理好国家利益与各国共同利益的关系，维护本国利益与各国共同利益，不仅是国际社会和各国利益的诉求，也是中国国家利益的所在。

当前中国已经跃升为世界第二大经济体，无论经济总量还是全球影响力，都证明中国已经进入"大国经济"行列，但是，中国经济具有突出的"大而不强"的特征，中国的大国经济与世界发达经济体所呈现的大国经济有较大的差距。其原因在于我国大国财政的制度体系构建尚在初期，影响力较弱，风险点较多。鉴于制度建设的滞后性，大国财政与大国经济的不匹配程度会随着大国经济的不断发展而加大。滞后的大国财政制度势必会加大大国经济运行的制度成本，不合理的财政制度会使经济运行效率大大降低。同时，大国财政构建滞后于大国经济的发展，会降低大国经济的国际化进程。大国财政实际上更表现为一种国家交往手段，直接影响大国经济的国际行为，在全球利益分配与风险分配中发挥更为重要的作用，为大国经济争取更多资源，并通过财政支出或税收手段在全球风险防范中发挥更大的作用。[①]

---

① 参见刘尚希等：《新中国 70 年发展的财政逻辑（1949—2019）》，中国财政经济出版社 2019 年版，第 268—269 页。

因此，在百年未有之大变局背景下，全球利益分配随着全球格局变化而不断演变，大国利益博弈和风险防范的背后是"大国财政"的较量。推动构建人类命运共同体，应从大国经济向大国财政的构建上转移，使得大国财政更好地服务于国际话语权的提升，为大国的国际影响力奠定坚实的财力后盾。通过大国财政参与全球资源配置，承担全球风险治理责任，实现全球利益分配，进而化解全球公共风险，引领人类文明进程。

第四章

财政是法治的化身

　　财政是人民的财政，也是法治财政。财政是国家治理的基础和重要支柱，财政的法治化在一定程度上决定了国家治理的法治化，只有财政这个基础法治化了才能实现政府运作的法治化。从这个意义上说，财政是法治的化身。从法律的逻辑出发，财政天然具有保障人民利益、限制公权力的属性。预算权和征税权都是制约政府的重要工具，在收入端捆住了政府的一只手，在支出端规定着政府活动的范围和方向。财政的收入和支出，都要体现对人民意志的遵从和尊重。财政不仅是收收支支，不仅仅是分钱，更重要的是通过预算规范着政府收支活动、约束政府行为，体现了一种法治理念：只有当政府有了钱，才能办事；政府的职能行使，取决于预算；预算不是政府说了算，而是人民代表大会（以下简称"人大"）说了算；人大通过预算来约束政府，人大通过人民代表来反映人民的利益诉求；这样预算也体现了人民的意志。中国共产党从创党伊始就创造性地将人民当家作主的理念和依法治国联系了起来，在实践中构建起依法治财的理财观。中国共产党从成立之初，就提出了用法律来限制公权力，保障人民利益的主张。在根据地时期，中国共产党人在很短的时间内就搭建起了财政法律体系，种下了法治财政的红色基因。在新中国成立前后，通过一系列财经法规，实现了近代以来第一次全国财经的统一，为新中国财政奠定了坚实的基础。在改革开放后，随着经济社会活动的不断拓展，财政法治建设也不断走向深入。《中共中央关于党的百年奋斗重大成就和历史经验的决议》指出，"党深刻认识到，权力是一把'双刃剑'，依法依规行使可以造福人民，违法违规行使必然祸害国家和人民。党中央强调，法治兴则国家兴，法治衰则国家乱；全面依法治国是中国特色社会主义的本质要求和重要保障，是国家治理的一场深刻革命"。① 党的十八大以来，法治财政按下快进键，科学化规范化制度化水平不断提升。

一、税收法定从理想到现实

1. 提出通过法律限制租课率

中国古代很早就认识到法律在治国安邦中的重要作用，韩非子曾言："国无常强，无常弱。奉法者强则国强，奉法者弱则国弱。"② 春秋战国时期，就已经有了自成体系的税收法典。傅玄总结历史经验，指出："国有定制，下供常事；役赋有常，而业不废"，"上不兴非常之赋，下不进非常之贡。上下同心，以奉常教。民虽输力致财，而莫怨其上者，所务公而制有常也"。"役赋无常，横求相仍，弱穷迫不堪其命，若是者民危。"③ 几千年文明史说明，只要税收有一定的制度，统治者不法外加税，国家就能安定，老百姓的家业就不会荒废。如果赋税无常，统治

---

① 《〈中共中央关于党的百年奋斗重大成就和历史经验的决议〉辅导读本》，人民出版社2021年版，第52页。

② 高华平、王齐洲、张三夕译注：《韩非子》，中华书局2010年版，第41页。

③ 赵光勇、王建域：《〈傅子〉〈傅玄集〉辑注》，陕西师范大学出版总社2014年版，第19、41、64页。

者法外加税，横征暴敛，老百姓就会弱不堪命，政权也会面临崩溃的风险。早期中国共产党人从"研考民生凋敝之原"①出发，寻求救国济民的新希望，找到了马克思主义。在探索劳苦大众困难的根源中，提出了用法律限制税收的主张。以前中国税收并不是没有法，而是为人民征税立法，无法限制统治者法外加税，中国共产党人鲜明地提出了税收法定的意义在于限制公权力，保护人民的利益不受侵犯，家业能够可持续发展。

近代以来，中国受帝国主义侵凌，国家蒙辱、人民蒙难、文明蒙尘，中华民族遭受了前所未有的劫难。毛泽东指出："由于帝国主义和封建主义的双重压迫……中国的广大人民，尤其是农民，日益贫困化以至大批地破产，他们过着饥寒交迫的和毫无政治权利的生活。中国人民的贫困和不自由的程度，是世界所少见的。"②李大钊说："哀哉！吾民瘁于晚清秕政之余，复丁干戈大乱之后，满地兵燹，疮痍弥目，民生彫敝，亦云极矣。"③割地赔款、大借外债，乃至后面的军阀割据，造成的财政困厄，又数倍加于百姓，以致"工困于市，农叹于野"④。

邹容在《革命军》中激烈地揭发当时横征暴敛给人民带来的痛苦："以某官括某地之皮，以某束吸某民之血，若昭信票，摊赔款，其尤著者也。是故一纳赋也，加以火耗，加以钱价，加以库平，一两之税，非五六两不能完，务使之鬻妻典子而后已。而犹美其名曰薄赋，曰轻税，曰皇仁。吾不解薄赋之谓何，轻税之谓何？若皇仁之谓，则是盗贼之用心杀人，而曰救人也。""偿兵费，赔教案，甚至供玩好、养国蠹者，皆莫不取之于商人。若者有捐，若者有税，若者加以洋关而又抽以厘金，若者抽以厘金而又加以洋关，震之以报效国家之名，诱之以虚衔、封典

---

① 郁嶷：《送李龟年游学日本序》（"龟年"为李大钊曾用名），《言治》1913 年第 4 期。
② 《毛泽东选集》第二卷，人民出版社 1991 年版，第 631 页。
③ 李大钊：《大哀篇》，《李大钊文集》（上），人民出版社 1984 年版，第 6 页。
④ 李大钊：《隐忧篇》，《李大钊文集》（上），人民出版社 1984 年版，第 1 页。

之荣，公其词则曰派，美其名则曰劝，实则敲吾同胞之肤，吸吾同胞之髓，以供其养家奴之费，修颐和园之用而已。"他高呼"革命者，天演之公例也；革命者，世界之公理也"。① 当时人民负担更重的是正税之外的，各种苛捐杂税层出不穷，从中央到地方，各级军阀政府，巧立名目，任意加征。当时人称"乱由于捐，捐由于擅""擅捐者累之""擅捐者酿之""擅捐者激之"。②

在中国共产党第二次全国代表大会召开前的 1922 年 6 月，中国共产党发表了《中国共产党对于时局的主张》，这在后来被称为"中共中央第一次对于时局的主张"。这份宣言向全国人民指出"军阀不打倒，想让他们不强索军费不扰乱中央及地方的财政秩序是不可能的；军阀不打倒，想让他们不滥借外债做军费政费以增加列强在华势力是不可能的；军阀不打倒，想让他们不横征暴敛想他们绥靖地方制止兵匪扰乱是不可能的；军阀不打倒，工商业怎能发展，教育怎能维持和振兴？"中国共产党明确提出反帝反封建的财政主张，要求对外取消列强治外特权，改正协定关税，对内消灭军阀，没收其财产。废止厘金及其他额外征税，通过法律限制租课率，征收累进税的所得税。③ 第一次旗帜鲜明地提出了税收法定的主张。同年 7 月，中国共产党第二次全国代表大会在上海召开，会议通过了《中国共产党第二次全国代表大会宣言》，提出"废除丁漕等重税，规定全国（城市及乡村）土地税则"，"废除厘金及一切额外税则，规定累进率所得税"，"规定限制田租率的法律"④。

---

① 参见邹容：《革命军》，《中国近代思想家文库 杨毓麟 陈天华 邹容卷》，中国人民大学出版社 2014 年版，第 328—329、322 页。

② 中国第一历史档案馆等编：《辛亥革命前十年间民变档案史料》（上），中华书局 1985 年版，第 25 页。

③ 参见《中共中央文件选集》第 1 册，中共中央党校出版社 1989 年版，第 44—46 页。

④ 《中共中央文件选集》第 1 册，中共中央党校出版社 1989 年版，第 116 页。

　　1923 年 6 月，中国共产党第三次全国代表大会在广州召开，决定实行国共合作，共产党员以个人身份加入国民党。在共产党人参加起草的国民党第一、二次代表大会文件中也吸纳了不少共产党的财税主张。1927 年，国民党发动四一二反革命政变，背叛革命。1927 年 4 月 27 日至 5 月 9 日，中国共产党第五次全国代表大会在武汉召开，提出争取无产阶级对革命的领导权，建立革命民主政权和实行土地革命的目标。1927 年 11 月，中国共产党召开中央临时政治局扩大会议，通过《关于土地问题党纲草案的决议》。1927 年 11 月，中国共产党发布《中国共产党土地问题党纲草案》，主张完全废除军阀政府的一切赋税，革命政权重新制定单一的统一税制，税收的一部分应当用作乡村的公费。①

　　这是近代以来，第一次有政党从维护人民利益的角度将用法律限制税收写进自己的主张里。并直接领导广大工人农民对军阀政府的横征暴敛、苛捐杂税进行抗争，阻止非法征收。1925 年 1 月，中国共产党第四次全国代表大会专门作出了关于农民运动的决议，提出反对土豪劣绅，反对征收钱粮，拒交不法征收，取消苛捐杂税的主张。②1925 年 10 月，中共中央发表《告农民书》，提出农民组织农民协会，应有议定最高租额及最低谷价之权，反抗各种苛捐杂税及预征钱粮。③ 中国共产党在革命斗争过程中，认识到向军阀政府为人民争取权利、限制他们那只横征暴敛的手是与虎谋皮。中国共产党逐步从反对苛捐杂税、领导人民抗税，发展到争取无产阶级对革命的领导权，建立工农民主政府，废除旧的苛捐杂税，重建新的财税制度和机构。1927 年四一二反革命政变之后，面对国民党反动派的血腥屠杀，中国共产党和中国人民没有被吓倒，他们从地上爬起来，揩干净身上的血迹，又开始新的战斗。中国

---

　　①　参见《中国共产党土地问题党纲草案》，《布尔塞维克》1927 年第 6 期。

　　②　参见《中共中央文件选集》第 1 册，中共中央党校出版社 1989 年版，第 359—363 页。

　　③　参见《中共中央文件选集》第 1 册，中共中央党校出版社 1989 年版，第 513 页。

共产党带领人民开辟革命根据地，建设红色政权，把自己的主张贯彻在根据地建设中。

2. 根据地税收法制建设

1927 年秋收起义后，毛泽东带领起义队伍来到湘赣边界的井冈山创建了井冈山革命根据地，点燃了工农武装割据的星星之火。1928 年12 月，中国共产党根据当地土地斗争的实践，领导制定和颁布了《井冈山土地法》，以法律的形式指导根据地的土地革命工作，明确了没收对象、分配标准、分配区域、土地所有权，使土地革命工作有序开展，并对土地税的税率和减免办法作出具体的规定。《井冈山土地法》不仅开启了通过法律规范税收制度的新纪元，而且将土地革命的成果用法律的形式固定下来，满足了农民对土地的要求，得到了农民的认可、拥护和支持。毛泽东在《井冈山的斗争》一书中，特别强调用收税等方法筹措军费的重要性。在此后执行进程中，中国共产党又通过法律的形式对《井冈山土地法》作出修订和完善。

1931 年 11 月 7 日，中华工农兵苏维埃第一次全国代表大会在江西瑞金叶坪村隆重开幕。来自中央苏区、闽西、赣东北、湘赣、湘鄂西、琼崖等各个苏区、红军部队，以及设在国民党统治区的全国总工会、全国海员工会等各团体的 610 名代表参加了大会。一苏大的胜利召开标志着中华苏维埃共和国成立，开始了中国共产党区域执政。代表们经过热烈认真的讨论，通过了《中华苏维埃共和国宪法大纲》，宣布取消一切苛捐杂税，征收统一的累进税，不承认帝国主义在华的政治上经济上的一切特权。11 月 18 日，大会还通过了《中华苏维埃共和国土地法》，将中国共产党在土地革命中不断在实践中改进的土地制度经过广大工农代表认真讨论，并用法律的形式固定下来，为土地分配和土地税建立了法律规范，为红色政权的巩固和发展奠定了坚实的人民基础。

11 月 28 日，中华苏维埃共和国中央执行委员会第一次会议通过了《关于颁布暂行税则的决议》，宣布根据宪法规定废除国民党军阀的一切田赋、丁粮、苛捐杂税、厘金等，实行统一的累进税。12 月 1 日颁布了《中华苏维埃共和国暂行税则》，制定了农业税、商业税和工业税的具体政策和办法。12 月 1 日，代表们审议通过了《中华苏维埃共和国关于经济政策的决定》，再次重申了相关原则。随后颁布了带有财经宪法性质的《中华苏维埃共和国暂行财政条例》，规定"一切国家税收概由国家财政机关（中央及各省、县区财政部及城市财政科）按照临时中央政府所颁布的税则征收，地方政府不得自行规定税则或征收"[1]，明确了财政统一和税收法定原则，实现了从凭借政治权力征税向依法征税的转变。《红色中华》1932 年第 27 期刊发了《中华苏维埃共和国暂行税则》，此后又相继刊发了各税的条例和细则。这些税收法令的公布不仅有利于广大人民群众了解税收制度，而且有利于分散各地的根据地政权及时接收和执行相关法令，对各根据地税制也起到了指导和借鉴作用，推动了苏区财经统一。

1937 年后，中国共产党从全民族利益出发，为团结全国各阶层人民一致抗日，对财经政策进行了调整，提出减租减息政策。《解放》1937 年第 16 期发布了《中国共产党抗日救国十大纲领》，提出了废苛捐杂税、减租减息等新的税收政策。[2] 先后制定了《陕甘宁边区税收条例》《陕甘宁边区征收救国公粮条例》《陕甘宁边区营业税收条例》《陕甘宁边区货物税暂行条例》。这一时期，中国共产党在广大的抗日根据地政权建设上实行了"三三制"原则，即共产党员、党外进步人

---

[1] 中共中央文献研究室、中央档案馆编：《建党以来重要文献选编（1921—1949）》（第 8 册），中央文献出版社 2011 年版，第 735 页。

[2] 参见中国财政科学研究院：《抗日战争时期陕甘宁边区财政经济史料摘编（1）》，长江文艺出版社 2016 年版，第 19 页。

士和中间派在抗日民主政权中各占 1/3。1942 年 8 月 1 日,《解放日报》对边区第二届税务局长联席会议进行了报道,并发表了社论,向人民介绍了边区税收工作情况,指出革命税收的原则是"取之合理、用之得当",所有的税则都依累进税率征收,在具体征收过程中,还要经过当地参议会、政府、商会等有关机关团体联合组织的民主评议,促使负担公平合理。①

在新民主主义革命时期,中国共产党提出了以法律限制税收的主张,并在革命根据地建设中付诸实施,建立了人民制定税法、政府依法征税、人民监督的税收法治的制度体系,这在中国历史上是第一次。中华苏维埃共和国先后制定了一系列的税收条例、税则及征收细则,使税收工作有法可依、有章可循,而且还建立了人民监督的制度。《红色中华》第 39 期(1932 年 11 月 7 日)登载了《中华苏维埃共和国临时中央政府成立周年纪念向全体选民工作报告书》《中央财政人民委员部一年来工作报告》向人民介绍根据地政府的税收政策执行情况。② 这与当时新旧军阀政府的横征暴敛,各种税外加税、预征形成鲜明对比。根据地税收的法定性不仅保证了根据地税收制度在稳固、规范的程序下运行,而且建立了依法征税的传统。

3. 涉外税立法成为税收改革的突破口

新中国成立后,在税制建设上一度受到苏联高度集中计划管理体制"非税"思想的影响,出现了极端简化的倾向。党的十一届三中全会作出改革开放的重大决策,税制建设从涉外税法起步,以法律的形式公布

---

① 参见星光、张扬:《抗日战争时期陕甘宁边区财政经济史稿》,西北大学出版社 1988年版,第 279 页。

② 参见《中华苏维埃共和国临时中央政府成立周年纪念向全体选民工作报告书》《中央财政人民委员部一年来工作报告》,《红色中华》第 39 期,1932 年 11 月 7 日。

了新的涉外税收法。1980—1981 年，先后经过五届人大三次、四次会议审议，通过并颁布了《中华人民共和国中外合资经营企业所得税法》《中华人民共和国个人所得税法》《中华人民共和国外国企业所得税法》。1991 年 4 月，七届全国人大四次会议通过并公布了《中华人民共和国外商投资企业和外国企业所得税法》，实现了外商投资企业和外国企业在所得税制度上的统一。时任美国国务卿塞勒斯·万斯在来华访问后作了高度评价，他说："这几部法律体现了中国的对外开放政策，它们的及时颁布，使外国企业家增加了在华投资利益的可预见性，对投资者做出投资决策有极为重要的作用。"

改革开放初期的涉外税立法，不仅适应了当时对外开放的需要，而且也在一定程度上为国内税制改革进行了有益探索，拉开了新中国税收法制化的序幕。但是当时税制改革更为重要的是实行税利分流，重塑税收体系，以适应新的经济发展形势的需要。这个任务是很重的，不是能一蹴而就的，所以当时在国内税制建设方面采取了授权国务院立法的方式，以更好适应当时分步逐步推动税制改革的现实需要。1984 年 9 月 18 日，六届全国人大常委会第七次会议通过了《关于授权国务院改革工商税制发布有关税收条例草案试行的决定》，授权国务院在接下来的工商税制改革过程中，拟定有关税收条例，以草案的形式发布试行，再根据试行情况进行修订，提请全国人大常委会审议。1985 年 4 月 10 日，六届全国人大三次会议通过了《关于授权国务院在经济体制改革和对外开放方面可以制定暂行的规定或者条例的决定》，授权国务院对于有关经济体制改革和对外开放方面的问题，必要时可以根据宪法，在同有关法律和全国人大及其常委会的有关决定的基本原则不相抵触的前提下，制定暂行的规定或者条例，颁布实施，并报全国人大常委会备案。经过实践检验，条件成熟时由全国人大或者全国人大常委会制定法律。这种通过授权立法的形式，既适应了当时税制在探索中逐步改进和完善的需要，也为全面税收法定奠定了基础。

4.税收法定原则的提出与全面落实

2013 年，党的十八届三中全会提出"国家治理体系和治理能力现代化"的目标，将财政定位为"国家治理的基础与重要支柱"，并明确提出要"落实税收法定原则"。2014 年，党的十八届四中全会提出要加强包括税收立法领域在内的重点领域立法。2015 年 3 月，中共中央审议通过了《贯彻落实税收法定原则的实施意见》，提出"落实税收法定原则"的改革任务，明确提出了 2020 年完成税收法定的目标，对推动我国宪法确立的税收法定原则的贯彻落实，进一步规范政府行为，推动完善我国税收法律制度，使其在国家治理中发挥更加积极、有效的作用，为实现国家治理体系和治理能力现代化提供更坚实的制度保障。我国税收立法时间表见表 4–1。

表 4–1 税收立法时间表

立法时间	税种	进程
1980 年 9 月 10 日	个人所得税	第五届全国人大第三次会议通过《中华人民共和国个人所得税法》。 根据 1993 年 10 月 31 日第八届全国人大常委会第四次会议《关于修改〈中华人民共和国个人所得税法〉的决定》第一次修正； 根据 1999 年 8 月 30 日第九届全国人大常委会第十一次会议《关于修改〈中华人民共和国个人所得税法〉的决定》第二次修正； 根据 2005 年 10 月 27 日第十届全国人大常委会第十八次会议《关于修改〈中华人民共和国个人所得税法〉的决定》第三次修正； 根据 2007 年 6 月 29 日第十届全国人大常委会第二十八次会议《关于修改〈中华人民共和国个人所得税法〉的决定》第四次修正； 根据 2007 年 12 月 29 日第十届全国人大常委会第三十一次会议《关于修改〈中华人民共和国个人所得税法〉的决定》第五次修正； 根据 2011 年 6 月 30 日第十一届全国人大常委会第二十一次会议《关于修改〈中华人民共和国个人所得税法〉的决定》第六次修正； 根据 2018 年 8 月 31 日第十三届全国人大常委会第五次会议《关于修改〈中华人民共和国个人所得税法〉的决定》第七次修正

续表

立法时间	税种	进程
2007 年 3 月 16 日	企业所得税	第十届全国人大第五次会议通过《中华人民共和国企业所得税法》。 根据 2017 年 2 月 24 日第十二届全国人大常委会第二十六次会议《关于修改〈中华人民共和国企业所得税法〉的决定》第一次修正。 根据 2018 年 12 月 29 日第十三届全国人大常委会第七次会议《关于修改〈中华人民共和国电力法〉等四部法律的决定》第二次修正
2011 年 2 月 25 日	车船税	第十一届全国人大常委会第十九次会议通过《中华人民共和国车船税法》，自 2012 年 1 月 1 日起施行。 根据 2019 年 4 月 23 日第十三届全国人大常委会第十次会议《关于修改〈中华人民共和国建筑法〉等八部法律的决定》修正
2016 年 12 月 25 日	环境保护税	第十二届全国人大常委会第二十五次会议通过《中华人民共和国环境保护税法》，自 2018 年 1 月 1 日起施行。 根据 2018 年 10 月 26 日第十三届全国人大常委会第六次会议《关于修改〈中华人民共和国野生动物保护法〉等十五部法律的决定》修正
2017 年 12 月 27 日	烟叶税	第十二届全国人大常委会第三十一次会议通过《中华人民共和国烟叶税法》，自 2018 年 7 月 1 日起施行
2017 年 12 月 27 日	船舶吨税	第十二届全国人大常委会第三十一次会议通过《中华人民共和国船舶吨税法》，自 2018 年 7 月 1 日起施行
2018 年 12 月 29 日	车辆购置税	第十三届全国人大常委会第七次会议通过《中华人民共和国车辆购置税法》，自 2019 年 7 月 1 日起施行
2018 年 12 月 29 日	耕地占用税	第十三届全国人大常委会第七次会议通过《中华人民共和国耕地占用税法》，自 2019 年 9 月 1 日起施行
2019 年 8 月 26 日	资源税	第十三届全国人大常委会第十二次会议通过《中华人民共和国资源税法》，自 2020 年 9 月 1 日起施行
2020 年 8 月 11 日	城市维护建设税	第十三届全国人大常委会第二十一次会议通过《中华人民共和国城市维护建设税法》，自 2021 年 9 月 1 日起施行
2020 年 8 月 11 日	契税	第十三届全国人大常委会第二十一次会议通过《中华人民共和国契税法》，自 2021 年 9 月 1 日起施行
2021 年 6 月 10 日	印花税	第十三届全国人大常委会第二十九次会议表决通过《中华人民共和国印花税法》，自 2022 年 7 月 1 日起施行

党的十八届三中全会之前，我国税收立法只有三部实体税法和一部程序税法，即《个人所得税法》（1980）、《企业所得税法》（2007）、《车船税法》（2011）和《税收征收管理法》（1992）。党的十八届三中全会以来，税收法定原则加快落实，法治体系不断健全。截至 2021 年 6 月，18 个税种中已有 12 个完成立法，其他税种立法工作和税收征管法的修订工作正在有序推进，法治成为税收治理的基本方式。税收法定不仅是税收制度的法律化，而且其本身所承载的保障人民利益的法治思维，通过立法过程赋予了民主价值和法治价值，为全面推进依法治国发挥了积极作用，为实现"国家治理体系和治理能力现代化"建构了牢固的税收制度基础。

二、以预算规定政府活动的范围和方向

预算制度是推进依法治国的重要抓手。要实现国家治理的现代化，必须将预算管理制度和财政管理体制全部纳入法治化的轨道，赋予其规范性、稳定性、可问责性，提升国家治理能力。可以说现代国家的形成过程就是预算管理制度法治化的过程。中国共产党早期领导人很早就认识到建立预算制度的重要性，在根据地建立之初就提出了建立预算制度的要求。

1. 根据地预算制度的建立和完善

1931 年 12 月，《中华苏维埃共和国暂行财政条例》在临时中央政府人民委员会第三次会议上讨论并通过，对于税收、收入送达中央财政部或银行、行政经费和军队经费的预算编制、决算编制的具体方法，预决算表及相关簿册的送交、保管及销毁时间等，都有详细而明确的规

定。1931 年 12 月 29 日，中华苏维埃共和国中央人民委员会就统一财政和编制预决算制度发布训令，要求各级财政机关应根据《暂行财政条例》的规定，每月一律按时造送预算和决算于该上级财政机关，以便汇集作成总的预算和决算，以资财政上之统一、并须于明年一月起，绝对实行。1932 年 9 月 13 日，财政人民委员部发布第六号训令《目前各级财政部的中心工作》，将实行预算决算制度作为第一个中心工作。①

在当时各个根据地之间相对分散，战争形势不断变化的情况下，中国共产党还是努力建构起各级预算决算的基本制度框架和运行机制，并逐步在平衡收支、统一财政方面发挥作用。从当时的《红色中华》报，我们还能了解到当时预算编制、审查的情况，感受到苏区预算工作的不断完善。

《红色中华》第 132 期（1933 年 12 月 5 日）发表了《节省经济与开展反浪费斗争》：十月份中央总务厅预算浮升至五千元之多，总卫生部十月份预算载后方医院伤病及工作人员，人数与实际所有数相差很远。……总供给部、总兵站部、总卫生部等军事机关，直到现在还没有建立预算决算制度，这些都是决不容许的事情。"反对虚浮的预算案"：中府总务厂，今年预算做三千套棉衣，把预算案做好，就买了许多材料。可是实际所发的棉衣，却只有一千多套，与原来的预算竟差三分之一，结果一万多元的衣料便完全囤积起来了。

《红色中华》第 163 期（1934 年 3 月 17 日）发表了《中央审计委员会审查三月份中央政府预算的总结》：这次的预算，都能按照工作实际需要，来详细加以核减，从前随便开列数字的现象，差不多没有了。可以保证将来的决算与预算无大出入，这是预算确立过程中的大进步。

《红色中华》第 165 期（1934 年 3 月 22 日）发表了《中央审计委员会审核粤赣省三月的预算的总结》：审查你们三月份的预算，有几点

---

① 《红色中华》第 33 期，1932 年 9 月 13 日。

须严重指出的：二月十一日人民委员会第七号命令重新规定省县区乡苏工作人员，而你们三月份预算，省的人数220，县的如门岭127，西江125，于都177，会昌166，区的人员也未有核减；又二月廿二日人民委员会第一号指示，关于裁减人员和节省经费，要各级政府按照这一指示编制三月份预算，须较二月份预算经费节省百分之卅。而你们的预算，如省苏本身990比二月份预算核定数665增加了，会昌1990比二月1561增加了，西江2095比二月1659也增加了，特别是于都7536比二月2151增加了二倍以上，这完全反映出这次于都大检举案的严重性；末了，你们的预算来得太迟了，经过中央财政人民委员部和粮食人民委员部，到三月十五日才到达我们这里来，而事实上你们已经在那里开支了半个月，那不是预算已等于形式主义吗？

从这些预算审计报告来看，当时对预算审计不仅有着非常严格的程序，而且非常认真细致，不是总结成绩，而是敢于揭露存在的问题，并通过报纸直接向人民公开，接受人民的监督，表现了对人民和革命事业高度负责任的精神。

在抗日战争时期，各根据地都建立了预决算制度。1937年12月21日，边区政府发出了《统一财政问题》的通令。要求"各机关、部队、团体，一切开支必须先造预算，呈由各该上级批准通知财政厅之后，然后由财政厅发给支付命令或电报，向当地金库支取，严禁任意挪用！""即或有临时的特殊需要，也必须向该上级请求追加预算。"

1941年颁布了《陕甘宁边区暂行预算章程》《陕甘宁边区暂行决算章程》《陕甘宁边区各级政府、部队、机关编制预算分配表章程》《陕甘宁边区各级政府、部队、机关、学校编制支付预算章程》四个草案。1943年，边区政府又颁布了《陕甘宁边区暂行预算条例》和《陕甘宁边区暂行决算条例》。比较详细地规定了财政预算的编制、执行及决算。

在革命根据地政权由苏维埃代表大会制改为参议会制后，建立和完善了参议会审查并通过预决算制度。1939年，陕甘宁边区第一届参议

会通过了《陕甘宁边区各级参议会组织条例》，该条例规定，边区参议
会具有"通过边区政府所提出之预算案"职权。1941 年，边区第二届
参议会又对此条例进行了修正完善，规定参议会具有"通过边区政府提
出之预算，并审查其决算"职权，同时也增加了县（或等于县的市）参
议会的"决定本县（市）地方经费收支事项"职权。边区和县级参议会
还有督促检查权，即"督促及检查边区政府执行参议会决议之事项""督
促及检查县（市）政府执行参议会决议之事项"。边区第二届参议会审
查通过了关于边区政府提出的 1942 年度概算决议。该决议指出："边区
政府提出之三十一年度七千九百万元概算书，经参议会大会审查通过，
为保证此项概算不被突破，大会并一致同意小组审查意见：希望政府本
开源节流之原则，实行精兵简政主张，加强生产，发展经济，厉行节
约，避免浪费，推广土产出口，争取出入口之平衡，平抑物价，调剂市
场，提高边币，巩固金融，并须经常检讨工作，确实执行计划，以期达
到收支平衡，不超出预算。"

　　解放战争时期，预算工作依然是各解放区财经工作的重心。因为战
争频繁，情况多变，所以当时预算编制还是概算。在概算编制中，军政
人员的编制和供给标准都有具体规定，而且上下一致。并且建立了严格
的审计制度。当时的审计工作包括边区各级政府、机关、学校、部队的
会计账簿、表格、单据等财会制度的建立情况，经费、粮秣、被服、生
产自给等收支预算的审定和决算的核销情况；各级银行、贸易公司、公
营企业的财务情况；粮食、税收、罚款、没收等一切收入的归公情况；
各种税率的执行情况。不仅要了解和掌握财经供给力量、人民的负担
量、财政供养人口数，还要了解贪污浪费及生产节约等情况。当时对边
区、行署、县三级审计机构设置，以及审计的范围、职权都有明确的制
度规定。①

---

① 参见王丙乾：《中国财政 60 年回顾与思考》，中国财政经济出版社 2009 年版，第 6 页。

2.新中国预算法定制度的建立

1949年12月2日，在中央人民政府委员会第四次会议上，时任财政部部长薄一波作了《关于一九五零年度全国财政收支概算草案编成的报告》，中央人民政府批准了这个概算草案。虽然这一概算草案是"根据不完全的材料加上经验推算估计所编成的，它只能画出一个轮廓、一个基本方向"，① 但它是新中国的第一部概算，对于保障革命胜利、巩固新生政权、促进经济社会发展发挥了重要作用。值得一提的是，在这次会议上，毛泽东在谈到预算问题时提出："国家的预算是一个重大的问题，里面反映着整个国家的政策，因为它规定政府活动的范围和方向。"② 新中国财政的变化，首先反映在预算结构上。虽然战争还在继续，军事费支出占1950年国家预算的41.1%，但经济建设经费占比达25.5%，科教文卫事业费占11.1%。相比解放战争后期，国民党政府用于发展国家生产、国民教育和保健事业的财政支出，已经被军费挤压到仅为2%—3%。③

1954年9月20日，第一届全国人大第一次会议通过了《中华人民共和国宪法》，第二十七条规定全国人民代表大会审查和批准国家的预算和决算；第五十八条规定地方各级人民代表大会审查和批准地方的预算和决算。从1954年开始，每一年的预算都必须经全国人大审查和批准。对于当时的财政部来说，送审预决算是一件大事。按照规定，各省3月底报到财政部。从3月底到5月开会（当时每年5月开会），财政部要进行审核、剔除、汇总，形成全国报告后报到人大，时间非常紧张，只能

---

① 《当代中国财政》编辑部：《中国社会主义财政史参考资料》，中国财政经济出版社1990年版，第4页。

② 《毛泽东文集》第六卷，人民出版社1999年版，第24页。

③ 参见王丙乾：《中国财政60年回顾与思考》，中国财政经济出版社2009年版，第25页。

加班加点。付印后的校对也是非常繁重的劳动，当时都是铅字排印，要在印刷厂熬夜并现场校对三次，确保送给代表的报告没有任何错误。[①]

1956 年 11 月，在中国共产党八届二中全会上毛泽东提到人大当年通过的预算有的项目安排得不对，有的项目用钱多了。指出以后要注意安排好预算中的项目。他形象地将编预算比喻为唱戏，指出"戏唱得好坏，还是归观众评定的。要改正演员的错误，还是靠看戏的人。观众的高明处就在这个地方。一个戏，人们经常喜欢看，就可以继续演下去。有些戏，人们不大高兴看，就必须改变"[②]。

预算在形式上，只是政府的财政收支计划，是政府对下一年履行职能的事先规划和安排，但是经过全国人大审议和批准，预算就体现了人民意志。人大通过人民代表来反映人民的利益诉求，通过预算来约束政府行为。1954 年，人民代表大会制度的建立为人民当家作主提供了坚实的制度保障，为使预算不偏离人民的意志作出了制度性的安排。人民代表大会制度是坚持党的领导、人民当家作主、依法治国有机统一的根本制度安排，通过人民代表对预算的审议和批准，是人民财政的法律保证。

3. 预算改革与预算法

20 世纪 90 年代初，为满足社会主义市场经济条件下不同资金管理的需求，进行复式预算探索，将国家预算分为经常性预算和建设性预算，并在中央和省两级试编复式预算。1993 年，党的十四届三中全会《中共中央关于建立社会主义市场经济体制若干问题的决定》明确规定各级政府编制复式预算，随后颁布的《预算法》实施条例将其细化为政府公共

---

① 参见王丙乾：《中国财政 60 年回顾与思考》，中国财政经济出版社 2009 年版，第 61 页。

② 中央财政金融学院财经研究所：《马克思恩格斯列宁斯大林毛泽东关于财政与财务的论述》，东北财经大学出版社 1988 年版，第 292 页。

预算、国有资本金预算、社会保障预算和其他预算。1994年和1995年《预算法》及其实施条例先后颁布，标志着我国预算管理走向法治化轨道。

预算始终是财政体制的核心，预算法是预算管理的根本遵循。我国首部《预算法》于1994年3月22日在第八届全国人大第二次会议上通过，1995年1月1日正式实施。1995年《预算法》的实施，使预算行为有了法律的规范，从此前的政府对预算权力的自我约束转变为法律规范。在长期的预算实践中，中国共产党对权力的自我约束发挥了重要作用，有效推动了预算制度的现代化，促进了预算的公开透明，更好体现人民的利益诉求。

4.新《预算法》提出的新理念

2014年8月31日，第十二届全国人大常委会第十次会议通过《关于修改〈中华人民共和国预算法〉的决定》，并于次年1月1日起实施。《预算法》第一条规定："为了规范政府收支行为，强化预算约束，加强对预算的管理和监督，建立健全全面规范、公开透明的预算制度，保障经济社会的健康发展，根据宪法，制定本法。"我国《预算法》的修订进程见表4–2。

表4–2 《预算法》的修订进程

1994年3月22日	第八届全国人大第二次会议通过首部《预算法》，1995年1月1日正式实施
1997年	全国人大动议修改
2004年	第十届全国人大常委会将修改预算法列入立法规划，正式启动修订
2006年	全国人大预算工委牵头起草预算法修正案第一稿
2009年	第十一届全国人大常委会将修改预算法列入立法规划，重启修法；由全国人大常委会预工委和财政部共同组织起草
2011年	11月，国务院第181次常务会议讨论通过了预算法修正案草案；12月，第十一届全国人大常委会第二十七次会议对草案进行初审

续表

2012 年	6 月，二审；7 月，草案通过中国人大网向社会公开征求意见，收到相关意见建议共计 330960 条
2014 年	4 月，三审；8 月 11 日，全国人大常委会法工委举办预算法立法前评估会议，邀请全国人大代表、中央部门、地方人大及财政部门以及有关专家学者就预算法实施后的影响进行评估；8 月 26 日，第十二届全国人大常委会第十次会议对四审稿进行分组审议；8 月 31 日，四审稿表决通过
2015 年	自 1 月 1 日起，新《预算法》正式施行

　　新《预算法》的颁布实现了预算管理理念的彻底转变，强调如何通过预算管理对政府税收和支出行为进行规范和制约。首先，在原来年度平衡的财政预算制度下，存在着由于过度追求年度预算平衡导致经济周期的风险：在经济偏冷、财政收入大幅削减的情况下，为了保持预算平衡，甚至有可能大幅增加收税的力度，从而使经济雪上加霜；而在经济出现过热时，又会为财政平衡目标对本应实施的抑制政策放手不管。年度预算平衡转变为跨年度的预算平衡的管理方式能够在经济周期内追求平衡，从而消除由于单纯追求年内预算平衡而导致的不适当干预。其次，从政府支出的构成来看，总支出除了正常收入外，还包括赤字和债务。尽管新的预算法实行了跨年度的预算平衡，但依然坚持了财政平衡的总原则。坚持财政平衡，意味着我们不会盲目通过赤字的手段来刺激经济增长。过去政府为了保障经济增长目标而盲目增加赤字的方式，在新的预算法案下，其执行的余地将会被进一步减小。最后，对于各个地方而言，以往各地政府经常会通过地方融资平台借债，通过扩大政府控制的资源来刺激经济。尽管新的预算法允许政府作为经济参与主体进行融资，但对其的监管力度却大大增加了。因此，地方政府通过融资平台进行投资来刺激经济的做法会更加困难，这会进一步降低地方政府投资对经济增长的拉动作用。①

---

① 参见刘尚希：《新预算法：约束政府行为的制度保障》，《中国财经报》2015 年 1 月 8 日。

2014 年 10 月，国务院印发《关于深化预算管理制度改革的决定》。2016 年 2 月，中共中央办公厅、国务院办公厅印发《关于进一步推进预算公开工作的意见》。至此，初步形成以新《预算法》和《政府信息公开条例》为统领，以《关于深化预算管理制度改革的决定》和《关于进一步推进预算公开工作的意见》等重要文件为指南的预算公开制度体系。扩大预算公开的内容，除涉及国防安全的事项外，所有政府预算都要向社会公开，实现了中央政府预算体系公开全覆盖、公开内容更加细化。2020 年 8 月 3 日，国务院总理李克强签署国务院令，公布修订后的《中华人民共和国预算法实施条例》，自 2020 年 10 月 1 日起施行。修订后的实施条例进一步明确政府预算收支范围和编制内容，政府预算体系更加清晰完整；进一步规范部门预算管理，提高预算编制的完整性；进一步加强地方政府债务管理，防范债务风险；进一步规范预算执行，强化全流程管理；进一步完善转移支付制度，规范政府间财政关系；进一步深化预算绩效管理，提高资金使用效益；进一步加大预算信息公开力度，增强预算透明度。①

《预算法实施条例》的修订，细化和明确了预算法有关规定、满足了预算管理实际需要，是我国预算法律制度体系建设的重要立法成果，为更好发挥财政在国家治理中的基础和重要支柱作用提供了法治保障。

三、走向法治财政

"为国也，观俗立法则治。"② 在人类文明史上，法律在定国安邦中

---

① 《为加快建立现代财政制度提供法治保障——财政部部长刘昆详解新修订的预算法实施条例》，2020 年 8 月 25 日，见 http://www.gov.cn/zhengce/2020–08/25/content_5537314.htm。

② 《商君书·算地》，见蒋礼鸿：《商君书锥指》，中华书局 1986 年版，第 48 页。

发挥了重要的作用。法治是现代国家治理的基本方式，法治财政是其最重要的内容。法治财政不仅是税收法定和预算法定，而且是将整个财政运行置于法治的轨道之上。

1922 年 6 月 15 日中共中央发出《中国共产党对于时局的主张》，指出军阀政治是中国内忧外患的源泉，也是人民受痛苦的源泉，必须有新的政治组织——民主政治，来代替现在的不良政治组织——军阀政治。不是一个人代替一个人或是那几个人代替那几个人，乃是一个阶级推倒另一个阶级，一个制度代替另一个制度。宣告中国共产党目前奋斗的目标，并非单指财政公开，澄清选举等行政问题，而是要求制定限制租课率的法律，并通过法律保障劳工权益和实行强迫义务教育。[①]1927年后，中国共产党人将主张付诸实施，并在实践中不断发展和丰富。

1. 法治财政的红色基因

习近平总书记指出，中国革命历史是最好的营养剂。中央苏区的财政法治建设，为法治财政种下了红色基因，构建了法治财政的基本框架。

1931 年 11 月 7 日中华苏维埃共和国成立，开始了中国共产党区域执政。中华工农兵苏维埃第一次全国代表大会通过了《中华苏维埃共和国宪法大纲》，宣布取消一切苛捐杂税，征收统一的累进税，不承认帝国主义在华的政治上经济上的一切特权。随后通过并颁布了带有财经宪法性质的《中华苏维埃共和国关于经济政策的决定》《中华苏维埃共和国暂行财政条例》。中华苏维埃共和国中央执行委员会第一次会议还通过了《关于颁布暂行税则的决议》。1932 年 11 月 22 日，临时中央政府人民委员会颁布了《国库暂行条例》；1932 年 12 月 16 日，中央财政人

---

① 参见《中共中央文件选集》第 1 册，中共中央党校出版社 1989 年版，第 33—45 页。

民委员部十二号训令颁布《统一会计制度》；1934 年 2 月 20 日，中央执行委员会颁布了《审计条例》。中央苏区在很短的时间里就通过一系列财经法律，将苏区财政经济工作运行置于法律规范和约束之下，使草创期的中华苏维埃共和国财政逐步走上正轨。这在中国几千年历史上从未有过，开创了党依宪理财、依法理财的先河，为新中国种下了法治财政的红色基因。中华苏维埃共和国的法制建设与军阀政府的法制是不同的，表现出广泛的群众性和充分的民主性，一再强调法制工作要和群众相结合，要紧紧依靠群众，保障群众的利益，保证群众的参与和监督。

习近平总书记指出："法律是治国理政最大最重要的规矩。"①中国共产党第一次将党的领导、人民民主与法治财政统一起来，在党的领导下，人民通过工农兵代表大会（苏维埃）为财政运行制定法律，构建了以宪法为核心的财经法律体系，将人民的意志体现在相关财经法律之中，将财政运行置于法律的规范和约束之下，财政部门每年向工农兵代表大会（苏维埃）报告财政工作情况，接受人民的监督，切实保障了人民的利益，激发了广大人民群众的政治热情，以制度优势取得了苏区财政建设的成功，不仅为革命战争的胜利提供了坚实的物质保障，也为推动经济的发展、提高人民生活水平发挥了重要作用。

1932 年 9 月 13 日，中华苏维埃共和国财政人民委员部第六号训令特别强调了财政及建立统一的财政制度的重要性："财政是国家的命脉，财政工作不好，直接便影响到军事与行政，间接则影响到整个社会经济与整个阶级政权，过去各级政府一般忽视财政工作，收支没有预算，税收制度没有建立。……目前全国革命急剧发展，国民党统治日益崩溃，中央政府正在动员一切力量，执行全线进攻，以粉碎敌人四次'围剿'，争取江西革命首先胜利，在这个时候加紧财政工作，转

① 中共中央文献研究室编：《习近平关于全面依法治国论述摘编》，中央文献出版社 2015 年版，第 12 页。

变过去依靠红军筹款的路线，做到政府供给红军战费，使前方部队解除筹款任务，迅速进攻敌人，更快争取中心城市，以发展革命新的局面，是目前财政工作的总的任务，谁仍然忽视财政工作，仍然不转变过去错误的路线，客观上便是妨害了革命战争之发展，便是帮助了革命的敌人。"①训令提出了统一财政收支、健全各级组织、建立税收制度等制度建设任务。1932 年 8 月 17 日，中华苏维埃共和国人民委员会第 22 次常会通过《财政部暂行组织纲要》②，将财政部内部组织建设和各部门职责通过法律的形式予以规定和约束。1933 年 3 月 28 日，又颁布了《省县市区财政部暂行组织纲要》③，对省县市区各级财政机构的财政职责作出规定。

1941 年 11 月，陕甘宁边区第二届参议会正式通过了《陕甘宁边区施政纲领》，确定了边区政府的基本任务、施政设施和方针政策，《陕甘宁边区施政纲领》是抗战时期陕甘宁边区的宪法性文件，是边区政权的立法基础和活动准则。其中，第十三条规定："实行合理的税收制度，居民中除极贫者应予免税外，均须按照财产等第或所得多寡，实施程度不同的累进税制，使大多数人民均能负担抗日经费。同时健全财政机构，调整金融关系，维护法币，巩固边币，以利经济之发展与财政之充裕。"陕甘宁边区政府成立之后，就加强了各项财务制度建设，按照统一财政的原则逐步建立起财政系统，并建立了参议会审批预决算制度，有效阻塞了漏洞，厉行节约，对克服财政困难发挥了积极作用。在统一税制方面，通过税法的统一和完善，降低了税率，取消了 42 种苛捐杂

---

① 《财政人民委员部训令（财字第六号）——目前各级财政部的中心工作》，《红色中华》第 33 期，1932 年 9 月 13 日。

② 参见江西省税务局、福建省税务局、江西省档案馆、福建省档案馆编：《中央革命根据地工商税收史料选编》，福建人民出版社 1985 年版，第 117—119 页。

③ 参见中共江西省委党史研究室等编：《中央革命根据地历史资料文库（政权系统）》（总第 7 册），中央文献出版社、江西人民出版社 2013 年版，第 656—657 页。

税，减轻了人民负担，得到了群众的热烈拥护。

在革命战争时期，中国共产党在战争环境下，仍然坚持用法律约束财税、保障人民利益的法律理想，组织人民通过农民协会、工农代表大会等形式，制定财经法律法规，以法律约束各项财政行为，保障人民的利益。

2. 开启财经统一进程

1947 年，中国共产党开始提出统一财经的工作。通过一系列制度建设，建立起了全国范围内的财政收支和政府间财政关系的统一的、规范的财政制度体系，完成了近代以来财经工作的第一次完全统一，结束了自鸦片战争以来中国财政混乱与分裂的局面，奠定了中华民族复兴的基础。

1947 年 3 月下旬，根据中共中央的指示，晋察冀、华东、陕甘宁、晋绥、晋冀鲁豫各大解放区的代表齐聚晋冀鲁豫解放区首府河北省邯郸市，召开会议，研究部署统一管理华北各解放区的财经工作，史称"华北财经会议"。中共中央指出："由于空前自卫战争的巨大消耗，已使所有解放区的财经情况陷入困境，必须以极大决心和努力动员全体军民一致奋斗，并统一各区步调，利用各区一切财经条件和资源，及实行各区大公无私的互相调剂，完全克服本位主义，才能长期支持战争。"①

会议讨论持续了一个多月，与会的各根据地代表充分交换意见，逐步统一了认识，提出大家认可的解决办法。会议从 3 月 10 日至 24 日先召开了预备会议，由各代表团交流各区经济状况，提出存在的问题，然

---

① 薛暮桥、杨波主编：《总结财经工作 迎接全国胜利——记全国解放前夕两次重要的财经会议》，中国财政经济出版社 1996 年版，第 48 页。

后将汇集到的问题向中央汇报，中央提出亟须解决的重点问题。3 月 25 日，大会正式开幕。先由各解放区做工作汇报，介绍各区财政经济工作状况，然后进行讨论和研究，并提出解决办法。会议最后形成了《华北财经会议决议》，上报党中央。

《华北财经会议决议》提出成立统一的财经管理机构，在中央直接领导下，调整各地贸易关系，统一各区财经政策，平衡各地人民负担，统一规定各地供给标准，统一计划掌握各地货币发行，逐渐实现各解放区财经工作的统一。提出各解放区财经工作的首要任务是"集中一切力量，保障战争供给"，要求从战争需要的角度出发，大力实施精兵简政，开辟财源，保障战争供给。并提出发展经济、整理村财政、调整战勤、贸易、金融货币、交通运输等各方面的工作思路。

1948 年 5 月，根据中共中央指示，晋察冀、晋冀鲁豫、西北、华东等各解放区代表在石家庄召开了华北金融贸易会议，通过了《关于金融贸易会议的综合报告》，提出统一银行机构，成立中国人民银行，发行统一的货币，整顿和回收各大解放区的地方币种，并决定统一管理各解放区的国营贸易。1948 年 6 月，中共中央批转下发华北、华东、西北各解放区贯彻执行。

两次财经会议的召开，为解放区统一财经工作统一了思想，做好了理论和政策的准备，指明了财经工作的发展方向，意义重大。1948 年 9 月，中共中央在西柏坡召开了政治局扩大会议（史称"中央九月会议"）。毛泽东在会议上对统一财经问题作了部署："关于财经统一。这个问题不需要多讲。以华北人民政府的财委会统一华北、华东及西北三区的经济、财政、贸易、金融、交通和军工的可能的和必要的建设工作和行政工作。不是一切都统一，而是可能的又必要的就统一，可能而不必要的不统一，必要而不可能的也暂时不统一。如农业、小手工业等暂时不统一，而金融工作、货币发行就必须先统一。行政上的统一，就是由华北财委会下命令，三区的党、政、军要保障华北财委会统一命令的执行。"① 要求在实现华北、华东和西北三区统一后，要进一步把东北和中原两个解放区也统一起来。

1947 年 7 月，华北财政经济办事处成立，标志着统一财经历程正式启动。1948 年 10 月，华北人民政府颁布《关于统一华北财政工作的决定》，要求加强财政工作的集中统一，使一切制度完全一致。新中国成立后，1950 年 3 月，政务院颁布《关于统一国家财政经济工作的决定》，先后通过《关于统一全国各级人民政府党派群众团体员额暂行编制（草案）》《关于统一管理一九五〇年度财政收支的决定》《关于全国仓库物资清理调配的决定》《关于实行国家机关现金管理的决定》《中央金库条例》等一系列法规，基本实现了全国财经统一，初步建立了集中统一的财经管理体制，为新中国财政运行建构了制度保障。

3. 新中国建立财政法制体系

新中国在成立之初，通过各项制度建设，实现了全国财经统一，迅速扭转了财经困难局面，争取财政经济状况根本好转。1954 年《宪法》以根本大法的形式，保障了人民的胜利果实，明确规定国家依照法律保护农民的土地所有权和其他生产资料所有权。在明确保护多种所有制的同时，也明确规定："国家禁止资本家的危害公共利益、扰乱社会经济秩序、破坏国家经济计划的一切非法行为。""国家禁止任何人利用私有财产破坏公共利益。"

新中国成立后，国家财政逐步建成了一整套行之有效的财政制度体系，如预、决算制度，企业财务制度，利润分配、成本管理、固定资金和流动资金管理制度，基建财务与行政事业财务制度，国家税收稽征管理与计划、会计、统计工作制度，等等。社会主义财政法制体系的建

---

① 《毛泽东文集》第五卷，人民出版社 1996 年版，第 137 页。

立，使财政在既定制度框架下运行，有力保证了国家财政政策法令的顺利贯彻执行与财政收支任务的胜利完成。

"文化大革命"虽然对财政工作带来了一定冲击，但是在党中央、国务院的坚强领导之下，广大财政干部坚持维护财政制度，在困境中不仅维持了国家财政的运行，而且支持了工农业、科学技术等各方面的发展。在"文化大革命"之初，中共中央就及时采取果断措施，先后发出了一系列通知，坚决地维护了财政制度，保护了国家财政运行的基本秩序。1967 年 6 月 22 日，发布了《关于进一步"抓革命、促生产"，增加收入，节约支出的通知》；8 月 20 日，发布了《关于进一步实行节约闹革命，控制"社会集团购买力"，加强资金、物资和物价管理的若干规定》。1968 年 1 月 18 日，发布了《关于进一步打击反革命经济主义和投机倒把活动的通知》；2 月 18 日，发布了《关于进一步实行节约闹革命，坚决节约开支的紧急通知》。1969 年 2 月 28 日，发布了《关于进一步节约闹革命，坚决节约开支的紧急通知》。以上通知是用中共中央、国务院、中央军委、"中央文革"四家名义以布告的形式发布，张贴在墙上，布告周知，旗帜鲜明地支持了财政制度，树立了财政制度的权威性，给予了当时财政工作极大的支持，对于制止当时的混乱情况起到了重要作用。在这种背景下，财政部整理了新中国成立以来的重要的财政制度文件，编辑了《财政制度摘编》，以财政部办公室的名义印发，强调财政制度是国家财政工作的办事规程，它体现着党的路线、方针和政策。这在当时，对于促进各机关和企事业单位认真执行财政制度，切实做好财政、财务管理工作，发挥了积极的作用。

4. 改革开放后财政法制工作的全面展开

在改革开放之初，邓小平就多次指出要加强法制建设，强调运用法律手段来保障社会主义经济建设的重要性。他指出："国家和企业、企业

和企业、企业和个人等等之间的关系，也要用法律的形式来确定；它们之间的矛盾，也有不少要通过法律来解决。"①1980 年 7 月 2 日，国务院批转了《财政部关于财政监察工作的几项规定》，指出："做好财政监察工作，对于加强社会主义法制，维护财政纪律，正确贯彻国家财政政策，促进社会主义四个现代化建设，有着重要的意义。"1982 年 5 月，财政部成立条法司。在法制专门机构成立之后，财政法制工作也步入快车道。当时确立的条法司的职责主要有：①汇总、制定财政立法法规，并检查执行情况；②参与研究和拟定全国性的主要财政、税收、财务法规；③参与研究和拟定同国外签订有关财政协议的文本草稿；④组织审查中央各部门草拟的主要法规中涉及财政问题的条款，并提出修改的建议；⑤宣传财政法规，介绍国外财政立法情况。尽早、及时成立专门机构，承担财政法制建设职责和任务，为财政法制建设奠定了机构保障。1983 年 11 月，财政部对 1949 年 1 月至 1984 年年底颁布的财政性规范性文件展开了一次大规模、全方位的清理。历时 3 年共清理文件 3500 件，废止 941 件，失效 1150 件。通过这次清理，基本上摸清了新中国成立以来财政法规的情况，为有效法规的执行，新法规的创建奠定了扎实的基础。②

在"破旧"的同时，财政法制工作全面展开。先后通过了《中华人民共和国中外合资经营企业所得税法》《中华人民共和国会计法》《中华人民共和国外商投资企业和外国企业所得税法》《中华人民共和国税收征收管理法》《中华人民共和国注册会计师法》《中华人民共和国预算法》《中华人民共和国政府采购法》《中华人民共和国海关进出口关税条例》《中华人民共和国外国企业所得税法》《中华人民共和国个人所得税法》等一大批财税法，推进了财政法制化进程。

在修订完善和出台大量财政法律法规的同时，财政立法程序进一步

---

① 《邓小平文选》第二卷，人民出版社 1994 年版，第 147 页。

② 参见王丙乾：《中国财政 60 年回顾与思考》，中国财政经济出版社 2009 年版，第556—557 页。

规范，财政立法质量不断提高。2000 年 8 月和 2002 年 7 月财政部两次修订《财政部立法工作规则》，通过总结以往多年的经验，对财政部立法工作职责、程序作出全面规范。规范立法、民主立法、科学立法成为财政立法的原则要求。

2004 年 11 月，国务院颁布《财政违法行为处罚处分条例》，将涉及财政资金收支活动的单位和个人均纳入其调整范围，进一步明确财政违法行为的主体、客体和法律责任，为执法机关对财政违法行为的处理、处罚、处分提供了法律依据，强化了执法手段。

2005 年 4 月，财政部在制定《财政部门全面推进依法行政依法理财实施意见》时提出，全面推进依法行政、依法理财，经过十年左右坚持不懈的努力，基本实现建设法治财政的目标。

改革开放以来，党和政府通过对权力的自我约束，不断加强财政法制建设，对推进和深化财政改革起到了有力的支撑作用，并在思想理念上逐步实现了从财政法制观向财政法治观的转变。

5. 新时代现代财政制度建设

党的十八届三中全会提出了建立现代财政制度的目标：财政是国家治理的基础和重要支柱，科学的财税体制是优化资源配置、维护市场统一、促进社会公平、实现国家长治久安的制度保障。必须完善立法、明确事权、改革税制、稳定税负、预算透明、提高效率，建立现代财政制度，发挥中央和地方两个积极性。党的十八届三中全会要求，到 2020 年，在重要领域和关键环节改革上取得决定性成果，形成系统完备、科学规范、运行有效的制度体系，使各方面制度更加成熟、更加定型。财税改革成为全面深化改革的重点，成为开创新时代的突破口。2014 年 6 月，中共中央政治局会议通过的《深化财税体制改革总体方案》，明确财税体制改革的工作部署，启动了全方位、多层次、纵向化的财政体制深化改革。党的十九大进一步提出："加快建立现代财政制度，建立权责清晰、财力协调、区域均衡的中央和地方财政关系。建立全面规范透明、标准科学、约束有力的预算制度，全面实施绩效管理。深化税收制度改革，健全地方税体系。"①

　　财政法治化是建立现代财政制度的内在要求。深化财税体制改革直接关系到国家与国民之间、中央各部门之间、中央与地方之间关系的重新调整和利益的重新分配，这也要求加快明确相应的法律关系，建立相应的法理基础和制度基础。政府事权规范化、法律化，既是法治财政的内在要求，也是建立现代财政制度的重要内容。党的十八届四中全会通过的《中共中央关于全面推进依法治国若干重大问题的决定》，明确提出"推进各级政府事权规范化、法律化，完善不同层级政府，特别是中央和地方政府事权法律制度"。推进各级政府事权规范化、法律化，是建立现代财政制度的前置条件，只有实现了政府机构、职能、权限、程序、责任法定化，让公权力在法律和制度的框架内运行，才能相应界定各级政府的支出责任，并合理选择转移支付方式，确定财力与事权相匹配的程度，满足各级政府履行事权的财力需求，实施相应的预算管理。推进各级政府事权规范化、法律化，也是以法律的权威界定政府公权力的边界，防止权力被滥用，是实现财政法治化、依法理财的内在要求。我国地方财政事权划分的法治进程见表4–3。

表4–3　地方财政事权划分的法治进程

时间	文件
2016年8月	国务院发布《关于推进中央与地方财政事权和支出责任划分改革的指导意见》
2018年2月	国务院办公厅印发《基本公共服务领域中央与地方共同财政事权和支出责任划分改革方案》

---

　　① 习近平：《决胜全面建成小康社会　夺取新时代中国特色社会主义伟大胜利——在中国共产党第十九次全国代表大会上的报告》，人民出版社2017年版，第34页。

续表

时间	文件
2018 年 8 月	国务院办公厅印发《医疗卫生领域中央与地方财政事权和支出责任划分改革方案》
2019 年 5 月	国务院办公厅印发《科技领域中央与地方财政事权和支出责任划分改革方案》
2019 年 6 月	国务院办公厅印发《教育领域中央与地方财政事权和支出责任划分改革方案》
2019 年 6 月	国务院办公厅印发《交通运输领域中央与地方财政事权和支出责任划分改革方案》
2020 年 6 月	国务院办公厅印发《生态环境领域中央与地方财政事权和支出责任划分改革方案》
2020 年 6 月	国务院办公厅印发《公共文化领域中央与地方财政事权和支出责任划分改革方案》
2020 年 7 月	国务院办公厅印发《自然资源领域中央与地方财政事权和支出责任划分改革方案》
2020 年 7 月	国务院办公厅印发《应急救援领域中央与地方财政事权和支出责任划分改革方案》

财政事权与支出责任的划分，是构建现代财政制度的基础，不仅有利于从源头理顺中央与地方财政关系，而且能够将保障人民权利落到实处，加快财政治理法治化进程。

习近平总书记在《关于〈中共中央关于全面推进依法治国若干重大问题的决定〉的说明》中指出："法律是治国之重器，法治是国家治理体系和治理能力的重要依托。全面推进依法治国，是解决党和国家事业发展面临的一系列重大问题，解放和增强社会活力、促进社会公平正义、维护社会和谐稳定、确保党和国家长治久安的根本要求。要推动我国经济社会持续健康发展，不断开拓中国特色社会主义事业更加广阔的发展前景，就必须全面推进社会主义法治国家建设，从法治上为解决这些问题提供制度化方案。"[1] 习近平总书记的重要讲话深刻揭示了法治在

---

① 《〈中共中央关于全面推进依法治国若干重大问题的决定〉辅导读本》，人民出版社2014 年版，第 42 页。

国家和社会治理中的重要作用，既是站在新的历史起点，面对新形势新任务提出的全面推进依法治国的战略部署，也是赓续了中国共产党人100年来孜孜不倦的法治追求，开启了建设法治中国的新航程。

习近平总书记在党的十八届四中全会上指出："长期以来，特别是党的十一届三中全会以来，我们党深刻总结我国社会主义法治建设的成功经验和深刻教训，提出为了保障人民民主，必须加强法治，必须使民主制度化、法律化，把依法治国确定为党领导人民治理国家的基本方略，把依法执政确定为党治国理政的基本方式，积极建设社会主义法治，取得历史性成就。"① 习近平总书记在报告中提出了"人民是依法治国的主体和力量源泉"的重要论断，依法治国不仅是为了人民、造福人民、保护人民，更是依靠人民，人民是依法治国的主体，通过人民当家作主的制度维护党和人民共同意志。社会主义法治的根本作用就是调整各种关系，保护人民的利益。法治之要义在于约束公权力，规范公权力的运作，保障人民的利益，约束和规范公权力最首要最关键的就是管好政府向人民收钱和用钱的手，管好人民的钱袋子。"钱"作为公共资源是"权"作为公权力行使的权，管住了"钱"，就约束住了权。

党的十八届三中全会以来，现代财政制度建设在税收法定、《预算法》修订等领域都取得了阶段性成果。通过财税法治化、预算公开和透明化、加强预算审查和监督，"把权力关进制度的笼子里"，推进法治财政向纵深发展。在这样一个有着数千年人治积习的国度，中国共产党领导人民实现了从"人治"到"法制"再到"法治"的历史性飞跃，从税收法定到预算法定，再到财政法定，搭建起法治财政的基本框架，付出了长期艰苦的努力，而在此基础上逐步实现法治财政的实质要义，把财政工作全面纳入法治轨道，用法治的思维和法治的方式履行职责，还任重而道远。

① 《〈中共中央关于全面推进依法治国若干重大问题的决定〉辅导读本》，人民出版社2014年版，第2—3页。

第五章

人民财政人民监督

财政是人民的财政，故要让人民来监督。人民监督财政从表象来看是针对"财"，实质上是针对"权"，以确保权为民所用。

一、财政是人民的财政，要让人民来监督

自古以来，不管是王朝更迭还是王朝自身的治理状态均呈现一个"治、乱、兴、衰"的过程，这是古代"中国之制"无法自证的命题，也是古代"中国之治"无法走出的怪圈。1945 年，黄炎培到延安考察，谈到"其兴也勃焉，其亡也忽焉"，称历朝历代都没能跳出兴亡周期率。毛泽东表示："我们已经找到新路，我们能跳出这周期率。这条新路，就是民主。只有让人民来监督政府，政府才不敢松懈。只有人人起来负责，才不会人亡政息。"① 毛泽东回应黄炎培的话，在中国共产党的财政观中有着集中体现，即人民财政要让人民来监督，实现权力公开运行，充分体现人民参与。

---

① 《毛泽东年谱(1893—1949)》(修订本)(中册)，中央文献出版社 2013 年版，第 611 页。

1. 监督的本质是构建一种确定性

人民监督财政是通过党和国家监督体系来实现的。党和国家监督体系是由多层次、多类型的监督构建而成，包括党内监督、人大监督、民主监督、行政监督、司法监督、审计监督、财会监督、统计监督、群众监督、舆论监督等多方面。在党和国家监督体系中，不同层次和类型的监督是一种分工和协同的关系，不能相互替代，也不能自行其是，是一个整体中的局部，各个局部构成监督体系这一整体。[①] 任何监督都是为防范风险而构设的，人民监督财政也是如此。会计造假、财务舞弊、预算松软，都是人民监督财政不足的表现，这不仅会导致经济金融风险，还会引发严重的廉政风险。在充满各种不确定性的当今社会，人民监督财政是对冲公共风险，构建经济社会发展确定性的基石。

马克思指出："过程愈采取社会的规模，愈失去纯粹个人的性质，簿记——当作生产过程的控制和观念总结——就愈成为必要。……它对于社会共同的生产，又比它对于资本主义生产，更为必要。"[②] 不断强化财政的监督功能，是中国共产党坚持和完善党和国家监督体系、提升风险管控能力的重中之重。习近平总书记曾指出："中央要求厉行勤俭节约、反对铺张浪费，得到了广大干部群众衷心拥护。后续工作要不断跟上，坚决防止走过场、一阵风，切实做到一抓到底、善始善终。抓而不紧，抓而不实，抓而不常，等于白抓。一段时间以来，社会各方面就此积极建言献策，不少意见值得重视。要梳理采纳合理意见，总结我们自己的经验教训，借鉴国内外有益做法。下一步，关键是要抓住制度建设这个重点，以完善公务接待、财务预算和审计、考核问责、监督保障等制度为抓手，努力建立健全立体式、全方位的制度体系，以刚性的制度

---

① 参见刘尚希：《更好发挥财会监督的重要作用》，《财务与会计》2021 年第 9 期。
② 《马克思恩格斯列宁斯大林论共产主义社会》，人民出版社 1958 年版，第 45 页。

约束、严格的制度执行、强有力的监督检查、严厉的惩戒机制，切实遏制公款消费中的各种违规违纪违法现象。"①

监督既是对主体行为合规性的反馈、督查和纠偏，同时也是完善制度的一种方式。从广义来看，监督本身也是制度建设的内容，尤其是对司法、审计、财会和统计等专业性监督而言更是如此。人民监督财政具有行为和制度双重属性，既是一种监督行为，也是一种制度规定。人民监督财政是经济金融风险和财政风险监测、预警的基础性条件，也是防范包括廉政风险在内的公共风险的基础性环节。对于公共资源的配置来说，不仅需要政府会计来反映，还需要政府财政来统筹。政府账本反映全部政府收支以及资产与负债，体现公共政策和政府活动方向与范围。通过人民监督财政共同构建的这种确定性，便成为国家治理的基础，也是国家治理效能的保证。

2. 监督财政就是约束权力运行

公共资源配置事关大众利益，且与公共权力的行使直接关联，监督财政也就不可或缺。税收制度、预算制度成为约束公权的一种有效制度安排，对税制、预算执行的监督，同时也是对公权行使过程的监督。所以，监督财政从表象来看是针对"财"，实质上是针对"权"，以确保"权为民所用"。从本质上讲，监督财政就是约束权力运行，体现的是以"财"制"权"和以"钱"控"权"，通过对公共资源使用的监督来约束权力，将权力关进制度的笼子；通过监督，将党治理国家的意志转化为治理国家的行为。"领导干部手中的权力都是党和人民赋予的，领导干部使用权力，使用得对不对，使用得好不好，当然要接受党和人民监督。"② 就是

---

① 《习近平谈治国理政》第一卷，外文出版社 2018 年版，第 364 页。
② 中共中央文献研究室编：《习近平关于全面从严治党论述摘编》，中央文献出版社 2016 年版，第 199 页。

说，既然权力来源于人民，那么权力的使用也就理应受到人民的监督，人民始终是评判权力运行效果的主体。

建党百年以来，发挥人民监督作用是党凝聚民心，汇集革命力量、建设力量和改革力量的重要制度基础。中国共产党始终高度重视发挥人民监督的重要作用，通过让人民监督财政发挥对权力的制约，通过监督将党的意志落实到国家治理的方方面面，不断提升党的执政能力。在中央苏区时期，为加强监督警示，巩固工农民主专政，发挥民众在权力监督中的作用，中华苏维埃政府提出，每个革命的民众都有揭发中华苏维埃政府工作人员的错误缺点之权，同时郑重承诺中华苏维埃政府工作人员中如果发现了贪污腐化消极怠工以及官僚主义的分子，民众可以立即揭发这些人员的错误，而中华苏维埃政府则立即惩办他们决不姑息。新中国成立之初，财政监督确保有限的财政资源得到有效的利用，明确"要发动和鼓励群众对各种违反节约原则、违反财政纪律、不执行合理化建议的恶劣现象和贪污盗窃国家财产的罪恶行为，向政府的和党的监察机关告发，向报刊揭露，要把财政工作放在最广大的群众的监督和舆论的监督之下"①。随着改革深入和社会转型，公共权力如何行使日益成为一个风险问题。腐败最重要的根源就是财政制度这个笼子没有打造好。不仅仅有预算资金的使用不规范，还涉及大量国有财产、国有资源，在市场化的过程中，有的就进了个人的腰包。财政制度这个笼子同时是可以约束公权的，可以简单地说，公款是可以约束公权的。比如说预算，安排的是公款，预算须经全国人大批准，批准了以后才能执行，如果政府随意地收与支，意味着没有得到法律的授权，是非法的。所以从预算的批准、执行来看，一个政府的规模和政府部门活动的范围，是可以利用公款来约束的。

---

① 《李先念论财政金融贸易（一九五〇——一九九一年）》上卷，中国财政经济出版社1992年版，第105页。

党的十八大以来，出台的一系列财政改革举措，目的就是打造财政制度这个笼子，有效约束公权以法治财政治理公权。习近平总书记指出：我们党作为执政党，面临的最大威胁就是腐败。如果管党不力、治党不严，人民群众反映强烈的党内突出问题得不到解决，那我们党迟早会失去执政资格，不可避免被历史淘汰。他针对贪污挪用社保基金、扶贫资金、惠民资金等违反财经纪律甚至违法的行为指出，"要加强对各项资金使用情况的管理和监督，加强审计工作特别是对重大领域、重大项目、重要资金的审计监督，防止贪污、挪用、截留等问题发生"[①]。在党中央领导下，财政部门严抓财经纪律，着力推进源头治腐和长效机制建设，以完善公务接待、财务预算、考核问责、监督保障等制度为抓手，以刚性的制度约束、严格的制度执行、强有力的监督检查、严厉的惩戒机制，遏制各种奢靡腐化的违规违纪违法现象，有效约束了公共权力，避免公共权力运行的异化。

二、公开透明才能更好地监督

权力运行的公开透明是加强权力监督的必要条件，也是预防权力异化和权力腐败的重要前提。财政作为重要的分配手段和国家职能履行的经济基础，事关人民的根本利益，财政的运行是最能反映权力运行的，所以财政向人民公开是党的宗旨和要求，是全过程民主的体现，也是防止少数人利用暗箱操作，谋取私利，损害国家和群众利益的必要条件。财政的公开透明推动"权为民所用，利为民所谋"的群众路线得到真正落实。

---

①　中共中央文献研究室编：《十八大以来重要文献选编》（上），中央文献出版社 2014 年版，第 771 页。

1. 财政公开透明最能反映权力运行

中国共产党的性质和宗旨决定了党时刻都要与人民群众紧紧联系在一起。群众路线是党的生命线和根本工作路线，是党永葆青春活力和战斗力的重要传家宝。"不论过去、现在和将来，我们都要坚持一切为了群众，一切依靠群众，从群众中来，到群众中去，把党的正确主张变为群众的自觉行动，把群众路线贯彻到治国理政全部活动之中。"① 群众路线不是抽象的而是具有具体含义的，向广大人民群众进行权力公开就是其中一项重要内容。中国共产党强调党的事业面向广大普通党员和人民群众进行公开，让大众都"清楚清楚""知道知道"。只有做好了这项基础性工作，才能更好地做到不脱离群众，才能更好地实现"动员组织人民群众贯彻落实好党的理论和路线方针政策"这一目标，也才能更好地体现并贯彻党的性质和宗旨。财政和预算的公开最能反映政府权力的运行，为确保人们深入了解政府权力运行，我国财政和预算的公开在范围上不断扩大，内容上逐渐细化。

追溯中国共产党领导的政权建设之预算制度，最早见于 1931 年江西瑞金时期中华苏维埃政府颁布的《中华苏维埃共和国暂行财政条例》中规定：各省政府财政部、中央军委总经理部"应于每月二十五日以前造报其下月预算，送交中央财政部审查批准。其各级财政机关，应于每月二十日以前造报其下月预算，送交其直接上一级财政机关，以便审查总合造报"，由此可见，即使在当时条件十分艰苦的条件下，中国共产党领导的政权仍十分注重预算公开。另外，从关于延安时期边区参议会的记录来看，当时的财政预算都是公开的。由于预算需要参议会讨论并批准，而且参议会中中共党员仅仅占到 1/3，广泛的民众参与使得秘密预算不可能实现。

---

① 《习近平谈治国理政》第一卷，外文出版社 2018 年版，第 27 页。

从新中国成立到改革开放，我国逐步从法律法规角度对财政公开提出明确要求，硬化权力约束，公开的方式也更为多样化，使人民较大程度上实现了知情权、参与权、选择权和监督权。中国共产党推动的财政透明系列行动，使得中国的财政越来越体现透明化趋势。从中央政府信息公开实践来看，2009 年 3 月全国人大批准预算后，财政部首次在其官方网站即时公开了 2009 年预算报告和 4 张中央财政收支预算表格，其中包括中央财政收入预算表、中央财政支出预算表、中央本级支出预算表以及中央对地方税收返还和转移支付预算表，随后另附 6 张专项支出预算表予以公开。2010 年财政部公布的政府预决算信息中又增加了 8 张预算表格，共计 12 张，其中在《2010 年中央本级支出预算表》及《2010 年中央对地方税收返还和转移支付预算表》2 张报表中细化程度达到"款"级；98 个报全国人大审查部门预算的中央职能机构有 75 个部门通过不同形式公开了审议批准的部门预算。2011 年中央本级支出预算表中的部分重点支出科目和 2010 年度中央财政总决算的公开程度细化到"项"级；中央各职能机构中有 92 个单位相继公开其批准后的部门预算，在财政拨款支出预算表中首次增加了最近年度预决算信息的对比数字和部门预算的文字说明；中央各职能机构还公开了本单位 2010 年"三公"经费的决算情况和 2011 年"三公"经费的预算安排。2011 年 5 月国务院常务会议专门研究部署推进财政预算公开工作，要求细化公开中央财政总预算和总决算，公开"三公"经费和行政费支出情况；要求必须进一步推进财政预算公开，建立健全公开机制，扩大公开范围，细化公开内容；明确财政预算公开是政府信息公开的重要内容和公共财政的本质要求，各地区各有关部门应按照中央的部署要求，进一步推进财政预算公开。2012 年首次编报全国及地方国有资本经营预算安排情况，公开内容包括 16 张表格和说明；中央部门预算方面，公开部门增至 95 个，公开目录中增加部门概况部分，在预算报告内容中以独立预算表的形式对公共预算收支、政府性基金支出和财政拨款支出情况进行披露，同时预算表格细化程度也达到了"款"级，卫生、医疗、教育、农林水事务、社会保障和就业、住房保障支出细化到"项"级；"三公"经费的披露增加了解释性的文字内容，行政经费支出情况得到进一步细化。

党的十八大以来，通过财政公开推动权力运行公开提到了前所未有的高度。党的十八大报告提出："推进权力运行公开化、规范化，完善党务公开、政务公开、司法公开和各领域办事公开制度，健全质询、问责、经济责任审计、引咎辞职、罢免等制度，加强党内监督、民主监督、法律监督、舆论监督，让人民监督权力，让权力在阳光下运行。"①习近平总书记指出："要推进权力运行公开化、规范化，完善党务公开、政务公开、司法公开和各领域办事公开制度，让人民监督权力，让权力在阳光下运行。"②2016年，中共中央办公厅、国务院办公厅印发《关于全面推进政务公开工作的意见》，指出全面推进政务公开，必须坚持公开为常态、不公开为例外的基本原则，积极推进在行政决策、决策执行、行政事务管理、行政服务等方面的公开。在决策环节，引入专家论证、风险评估、公众参与，对于涉及群众切身利益、需要社会广泛知晓的重要改革方案、重大政策措施、重点工程项目，除依法应当保密的外，在决策前应向社会公布决策草案、决策依据。2017年12月，《中国共产党党务公开条例（试行）》由中共中央印发并于当月20日起正式开始实施，这是发展党内民主、有效加强权力监督、防止权力腐败的重要举措，更是完善党内制度体系、加强制度治党的重要体现和落实新时代党的建设总要求进而实现全面从严治党的重要一步。在此背景下，2013年政府预算收支的全口径披露第一次实现，在政府预算报告中增加了全国社会保险基金收入、支出预算表和结余预算表，从而将社会保险基金纳入"两会"的审议之中；各职能机构在部门预算公开及时性方

---

① 胡锦涛：《坚定不移沿着中国特色社会主义道路前进　为全面建成小康社会而奋斗——在中国共产党第十八次全国代表大会上的报告》，人民出版社2012年版，第29页。

② 《习近平谈治国理政》第二卷，外文出版社2017年版，第298页。

面有了较大幅度提高，内容方面增加对政府性基金收入情况的披露，科学技术科目与文化体育传媒科目的支出细化至"项"级；"三公"经费并入部门预算一并公开。2014年6月，中共中央政治局审议通过的《深化财税体制改革总体方案》明确提出将"加快建立全面规范、公开透明的现代预算制度"作为新一轮财税体制改革的重点工作任务。

2014年和2018年，《预算法》的两次修正是我国财政公开透明具有重大里程碑式意义的事件。透明预算首次入法，新《预算法》将预决算公开首次写入法律，在公开内容、时间和主体方面作出了明确规定（第十四、二十二、八十九条），形成刚性的法律约束，是修改的重要进步，有利于确保人民群众的知情权、参与权和监督权，从源头上预防和治理腐败。新《预算法》对预算公开的内容、时间等作出具体规定。为了进行全面有效的监督，新《预算法》明确政府全部收支纳入预算，完善全口径预决算体系。明确规定"政府的全部收入和支出都应当纳入预算"（第四条第二款），"各级政府、各部门、各单位应当依照本法规定，将所有政府收入全部列入预算，不得隐瞒、少列"（第三十六条第二款）；支出也要涵盖政府的所有活动，"各级政府、各部门、各单位的支出必须以经批准的预算为依据，未列入预算的不得支出"（第十三条），这实际上确立了政府全口径预算的基本原则。2014年财政部披露的中央财政预算中，中央本级支出预算表的细化程度达到"项"级科目，中央对地方税收返还和转移支付预算表中，专项转移支付预算细化到"项"级；中央各类职能机构的部门预算，全部实现支出功能分类下的"项"级科目的公开程度；在随部门预算一并公开的"三公"经费，披露了"公务用车购置费"和"公务用车运行费"，新增一张"三公"经费财政拨款预算表。新《预算法》强调"为了规范政府收支行为，强化预算约束，加强对预算的管理和监督，建立健全全面规范、公开透明的预算制度，保障经济社会的健康发展"的立法宗旨，这一法律较为充分地体现了"公开透明"的预算精神。我国预算公开的实践同样取得了较大进展，"三公经费"全面公开，"四本预算"开始推出，政府采购更加规范透明。这都是落实群众路线，让人民监督政府，让人民参与国家事务管理的具体体现。

2. 以财政公开强化对权力的监督和约束

社会主义民主的本质是人民当家作主。让权力公开透明，以此强化权力的监督和约束，是实现人民当家作主的基本条件之一。财政公开是保障公民知情权、参与权和监督权的前提条件。只有公开，才能有效监督。通过建立健全财政预算公开机制，公民依法行使财政预算知情权和财政支出的监督权，参与财政预算的运作，有助于确保财政预算存在的合法性和合理性。同时，将完整的预算信息公开，也有助于公民更好地了解情况，提出诉求，督促政府及时回应，切实管好、用好财政资金，这本身就是一个民主互动的过程，是社会主义民主政治的体现。建立健全财政预算公开机制，增强预算的透明度和刚性约束，有利于拓宽人民群众的监督渠道，加强对行政权力的监督和约束。同时，建立健全财政预算公开机制对于强化权力的监督和约束、深入推进反腐倡廉建设也有现实意义。不断加强预算公开的建章立制工作，有利于完善财政管理制度中存在的薄弱环节，促进用制度管事、管人、管财，切实提高预算执行和财务管理水平，从根本上杜绝预算执行中的违规违纪问题，为预防财政领域腐败现象提供有力的制度保障。

在百年历史中，中国共产党不断优化公开的途径，以便于人民开展监督。中华苏维埃政权时期，苏区中央给予人民群众广泛的民主监督权。例如，在各级政府成立工农检查部，负责检查中华苏维埃政府颁布的各项法令的执行情况，督促各级机关积极开展工作，检举一切官僚、腐化、贪污等行为；在工农检查部设立控告局，专门负责接受和处理工农群众对中华苏维埃政府机关或国家经济机关工作人员的不良作风的控告，并派人对控告事项进行检查。延安时期，以公开的方式促进监督的机制也比较健全，如建立了党内监督、参议会监督、政府系统内监督和人民群众的监督等形式。解放战争时期，华北人民政府内设立了人民监察机关，"以监督、检查、检举并处分政府机关和公务人员的贪污腐化、违法失职，并经常防止和反对脱离群众的官僚主义作风"①，用法律的形式保证了群众的知情权，便于群众进行监督。在新时代，发挥互联网互联互通的优势，"让互联网成为我们同群众交流沟通的新平台，成为了解群众、贴近群众、为群众排忧解难的新途径，成为发扬人民民主、接受人民监督的新渠道"②。按照《中华人民共和国政府信息公开条例》的要求，充分利用报纸、网站等媒体及时公布财政收支统计数据，以及经全国人大审议通过的政府预决算和转移支付预算安排情况，主动公开财政规范性文件以及有关的财政政策、发展规范等。在预算报告内容反映的明细程度和易读易懂方面，每年要有新进展，不断提高预算内容披露的详细程度。从 2008 年下半年开始，每月 15 日在财政部门户网站公布上月财政收支数据；2009 年全国人大批准预算草案后一周即公布中央预算草案，受到社会各界的好评。今后要坚持这一方向，加大信息公开力度。③

百年以来，中国共产党不断完善监督制度，形成以公开促进监督的机制不断完善。1928 年 6 月 18 日，中国共产党在莫斯科召开了第六次全国代表大会。中共六大通过的党章规定，"为监督各级党部之财政、会计及各机关之工作起见，党的全国大会、省县市代表大会，选举中央或省县市审查委员会"。1934 年年初，中华苏维埃第二次全国代表大会召开。会议指出，"在财政政策上，'应该使一切苏维埃人员明白，贪污浪费是极大的犯罪。向着贪污浪费作坚决斗争，过去虽有了些成绩，以

---

① 华北人民政府秘书厅编印：《华北人民政府法令汇编》（第 1 集），1949 年 7 月，第 7 页。
② 《习近平谈治国理政》第二卷，外文出版社 2017 年版，第 336 页。
③ 参见谢旭人主编：《中国财政 60 年》下卷，经济科学出版社 2009 年版，第 775 页。

后还应加倍的努力'"①。这次大会后，中华苏维埃共和国颁布法规，建立了审计监督制度。新成立的中央审计委员会开展财政预决算审查、国家企业和群众团体财政收支检查、节省运动专项审计，审计结果在《红色中华》报上公布，在规范财政财务收支、查处贪污浪费、促进廉政建设方面发挥了重要作用。1950 年 11 月，政务院颁布了《中央人民政府财政部设置财政检查机构办法》，首次从制度上对财政监察机构设置、职能划分等作出了明确的规定。随后，财政部发布了《为设置各级财政检查机构补充规定的通知》。1951 年 9 月，政务院将"检查"改为"监察"。1962 年 4 月，中共中央、国务院颁布了《关于严格控制财政支出的决定》，要求各级财政部门切实担负起经济监督的职责，加强对违反财经纪律等问题的检查和处理工作。1964 年，财政部专门下发了《关于大力开展 1964 年财政监察工作的通知》，标志着财政监察工作得到有效加强。

改革开放时期，为保证党政领导干部做到廉洁自律，中央先后作出一系列规定。1978 年 8 月经国务院批准，财政部恢复建立财政监察司（与监察部派驻财政部监察局合署办公，承担财政监督与行政监察两项任务），各地也相继恢复了财政监察专门机构、配备人员。主要职责是监督检查国家机关、社会团体、企业和事业单位执行财政政策、法令、制度的情况，办理有关违反财政、税收、会计制度和纪律的案件。1982年，我国《宪法》明确了公民的监督权。1995 年 1 月，十四届中央纪委第五次全会提出，建立党政机关县处级以上领导干部收入申报制度、党和国家机关工作人员在国内公务活动中收受礼品登记制度、国有企业业务招待费使用情况向职代会报告制度。这是在发展社会主义市场经济

---

① 《中国共产党的九十年》（新民主主义革命时期），中共党史出版社、党建读物出版社2016 年版，第 139 页。

条件下，对如何促进领导干部廉洁自律的重要探索。①1978—1992 年期间的财政监督，主要是以财政为主体，对社会经济的各个领域进行收入管理的大检查。这一时期的财务大检查工作，为避免国家财政收入流失，维护正常的国民经济秩序作出了重要贡献。②

党的十八大以来，通过加大公开的力度与范围，拓宽了人民参与监督的渠道。党的十八大报告指出"更加注重健全民主制度、丰富民主形式，保证人民依法实行民主选举、民主决策、民主管理、民主监督"。只有让权力公开透明，人民才有可能行使参与权、表达权、监督权。报告还明确提出"保障人民知情权、参与权、表达权、监督权"，"推进权力运行公开化、规范化"等，法治、公开透明、让权力在阳光下运行等原则成为时代标志。"实施全面规范、公开透明的预算制度"，为监督约束权力、将权力关进制度笼子奠定了基础。党的十八届三中全会提出"让人民监督权力，让权力在阳光下运行，是把权力关进笼子的根本之策"。2014 年政府工作报告提出了打造阳光财政的工作理念，提出要增强财政监督工作的透明度，还要促进财政监督工作顺应人民意志。"中央要求厉行勤俭节约、反对铺张浪费，得到了广大干部群众衷心拥护。后续工作要不断跟上，坚决防止走过场、一阵风，切实做到一抓到底、善始善终。抓而不紧，抓而不实，抓而不常，等于白抓。一段时间以来，社会各方面就此积极建言献策，不少意见值得重视。要梳理采纳合理意见，总结我们自己的经验教训，借鉴国内外有益做法。下一步，关键是要抓住制度建设这个重点，以完善公务接待、财务预算和审计、考核问责、监督保障等制度为抓手，努力建立健全立体式、全方位的制度体系，以刚性的制度约束、严格的制度执行、强有力的监督检查、严厉的惩戒机制，切实遏制公款消费中的各

---

① 参见《中国共产党的九十年》（改革开放和社会主义现代化建设新时期），中共党史出版社、党建读物出版社 2016 年版，第 878 页。

② 参见谢旭人主编：《中国财政 60 年》上卷，经济科学出版社 2009 年版，第 339 页。

种违规违纪违法现象。"① 通过财政公开促进监督，我国反腐倡廉取得了重大成果。例如，2019 年我国反腐败清单中，总计通报执纪审查 408 人，其中中管干部 20 人。通报执纪审查中央一级党和国家机关、国有企业和金融单位干部达 62 人。这些数据显示出财政监督在党和国家廉政建设方面发挥的重要作用，反腐倡廉行动化解了党和国家面临的重大风险挑战。

三、财政民主是最好的监督

财政民主是人民民主的实现方式。财政民主使人民参与到权力的运行中，是人民当家作主的充分体现。

1.财政民主体现人民当家作主

人民当家作主是中国共产党矢志不渝的奋斗目标。100 年来，党高举人民民主旗帜，领导人民在一个有几千年封建社会历史、近代成为半殖民地半封建社会的国家实现了人民民主。"民主从价值理念成为扎根中国大地的制度形态和治理机制，贯穿党领导人民进行革命、建设、改革的全过程，覆盖国家治理的各环节，体现在经济社会发展的各方面，中国人民真正成为国家、社会和自己命运的主人。"②

财政是联结社会多元主体的一条主线。在社会发展过程中，每一个主体都会受到财政制度的影响，同时每个主体的行为也影响着财政制度的实施。权力的运行，需要多元化主体的参与，不仅需要政府和社会组

---

① 《习近平谈治国理政》第一卷，外文出版社 2018 年版，第 364 页。

② 中共中央宣传部：《中国共产党的历史使命与行动价值》，人民出版社 2021 年版，第 14 页。

织的参与，同时也需要个人的参与，只有通过财政民主将参与权力运行
的各主体串联起来，才能够更好地监督权力的运行，构建国家发展的确
定性。财政民主的首要问题莫过于花好人民的钱，其根本问题是在执政
者与人民之间建立一种健全的财政关系，不仅要求财政资金在预算分配
中的公平和效率，体现公共理性，还强调民主参与的重要性，实现公共
理性与民主参与的统一。公共理性的充分表达离不开预算的民主参与，
民主参与的有效性则受到参与方式和过程的制约。财政民主通过积极主
动地争取资金分配的权利，让人民参与资金分配过程，准确表达其对公
共服务的需求，对预算决策产生实际影响，使人民财政的理念得到充分
的实现。

　　党的事业千条线，财政是一根针，在党的各项事业中做到人民民
主，实现财政民主是关键。中国共产党高度重视财政民主问题，一代
代中国共产党人都十分强调发挥民主特别是财政民主的作用，以真正
实现人民当家作主。毛泽东强调民主集中制建设，民主就是"让群众
讲话，哪怕是骂自己的话，也要让人家讲"[1]。邓小平非常重视民主集中
制，认为民主集中制的贯彻执行，也是一种监督，是对领导人最重要的
监督。强调，"要有群众监督制度，让群众和党员监督干部，特别是领
导干部"[2]。党的十八大以后，在全面建设社会主义现代化国家的新征程
上，让人民来监督权力，就是要不断畅通群众监督渠道，让群众参与到
监督中来，自觉接受群众监督。习近平总书记在庆祝中国共产党成立
100 周年大会上指出，"践行以人民为中心的发展思想，发展全过程人
民民主"[3]。

---

　　① 《毛泽东文集》第八卷，人民出版社 1999 年版，第 291 页。

　　② 《邓小平文选》第二卷，人民出版社 1994 年版，第 332 页。

　　③ 习近平：《在庆祝中国共产党成立 100 周年大会上的讲话》，人民出版社 2021 年版，
第 12 页。

2. 财政民主使决策更加科学

充分发挥财政民主，既是防范和化解财政风险的重要手段，也是提高国家治理能力的重要路径，财政民主有利于提高科学决策水平。"必须坚持党的领导、人民当家作主、依法治国有机统一，积极发展全过程人民民主，健全全面、广泛、有机衔接的人民当家作主制度体系，构建多样、畅通、有序的民主渠道，丰富民主形式，从各层次各领域扩大人民有序政治参与，使各方面制度和国家治理更好体现人民意志、保障人民权益、激发人民创造。"① 由于财政是经济、社会、政治、文化等各个方面的综合反映，因而各方面的风险最终也会转化为财政风险。财政民主决定了其除了具有保障财政政策执行、严格预算管理、加强对财政资金及其运用过程的制约和监督等作用外，还能起到防范和化解财政风险的作用，即能够在财政运行中发现风险、处置风险和预警风险。财政民主从支出和预算等方面规范财政行为，对于财政体制建设和国家治理能力的提升都发挥着重要作用。习近平总书记在《依法行使政府监督》一文中指出，"加强财政监督，不但可以保障财政资金的正确运用，提高资金使用效果，而且可以发挥国民经济'监测器'和'警示器'的作用，及时分析和反映国民经济运行中的新情况、新问题，为政府制定经济决策提供依据"②。

在革命战争年代，为确保革命事业持续向前推进，中国共产党充分发挥财政民主的作用，厉行廉洁政治，严惩腐败行为，加强监督警示，最终克服困难、取得革命胜利。在中央苏区时期，为加强监督警示，巩固工农民主专政，发挥民众在财政监督中的作用，中华苏维埃政府提出，每个革命的民众都有揭发中华苏维埃政府工作人员的错误缺点之

① 《中共中央关于党的百年奋斗重大成就和历史经验的决议》，人民出版社 2021 年版，第 39 页。

② 习近平：《依法行使政府监督》，《中国财经报》2000 年 6 月 20 日。

权，同时郑重承诺中华苏维埃政府工作人员中如果发现了贪污腐化消极怠工以及官僚主义的分子，民众可以立即揭发这些人员的错误，而中华苏维埃政府则立即惩办他们决不姑息。1946年，毛泽东在《以自卫战争粉碎蒋介石的进攻》一文中指出："必须检查和纠正各地已经发生的贪污现象。……在财政供给上，必须使自卫战争的物质需要得到满足，同时又必须使人民负担较前减轻，使我解放区人民虽然处在战争环境，而其生活仍能有所改善。"①

　　新中国成立以来，我国财政民主的制度不断健全、形式不断丰富、渠道不断拓宽。特别是进入中国特色社会主义新时代以来，财政的"开门立法"已经成为常态，公众参与程度越来越深。召开听证会等征求民意、吸纳民智的形式普遍采用。几乎每一件财政法案的起草都采取专家座谈会、论证会等形式，听取专家的意见。对于调整重要社会关系的立法项目，地方人大常委会还经常召开听证会，让不同利害关系方发表意见。除传统意义上征求意见的方式，如调查研究、内部征求意见、专家咨询和论证、电话征求意见外，网络、媒体公布征求意见、立法听证和其他一些民主参与方式越来越被各级部门和公众所接受，人民深入参与到法律体系的建设中。尤其是，新《预算法》明确规定人民代表大会举行会议审查预算草案前，应当采用多种形式，组织本级人民代表大会代表，听取选民和社会各界的意见。新《预算法》第九十一条规定，公民、法人或者其他组织发现有违反本法的行为，可以依法向有关国家机关进行检举、控告。接受检举、控告的国家机关应当依法进行处理，并为检举人、控告人保密。任何单位或者个人不得压制和打击报复检举人、控告人。《关于贯彻落实〈中共中央国务院关于全面实施预算绩效管理的意见〉的通知》（财预〔2018〕167号）强调引导和规范第三方机构参与预算绩效管理，加强执业质量全过程跟踪和监管。搭建专家学者和社

---

① 《毛泽东选集》第四卷，人民出版社1991年版，第1188页。

会公众参与绩效管理的途径和平台，自觉接受社会各界监督，促进形成全社会"讲绩效、用绩效、比绩效"的良好氛围。这一系列措施增加了预算透明度，提升了普通公众和第三方机构对政府预算的监督意愿，全面增强了社会监督力度。

3. 以法制和制度来保障财政民主

财政通过对公共资源使用的全过程监督，把权力运行置于党组织和人民群众监督之下，最大限度减少权力寻租的空间。财政民主重在制度建设，为人民监督权力提供制度保障。建党百年以来，我党高度重视以制度保障财政民主。从革命年代的三大纪律八项注意到实现百年复兴新时期的中央八项规定，实质都是强化财政民主、完善监督体系的重要制度安排。诞生于革命年代的三大纪律八项注意，是党为人民军队制定的最具代表性的统一革命纪律，也是党的建设中的重要纪律。三大纪律中，"不拿群众一针一线"和"一切缴获要归公"涉及的都是财政监督的问题；八项注意中，"买卖公平""借东西要还""损坏东西要赔"等与老百姓的参与密切相关。党的十八大以来，以习近平同志为核心的党中央坚定推进全面从严治党，制定和落实中央八项规定，开展党的群众路线教育实践活动，坚决反对形式主义、官僚主义、享乐主义和奢靡之风。中央八项规定中明确提出"要厉行勤俭节约，严格遵守廉洁从政有关规定，严格执行住房、车辆配备等有关工作和生活待遇的规定"，这些规定向全社会公布，接受人民的监督，是财政民主实现的重要制度安排。

财政民主体现在预算的参与上。我国的预算制度改革，充分体现了在公共权力授予机制上，人民有了更多的参与机会，享受到了更多的民主权利。新中国成立以后，国家预算一直采取单式的编制方法，一个预算表简明地反映财政收支全貌，与过去统收统支的财政体制是相适应的。1991 年国务院《国家预算管理条例》规定，从 1992 年起政府预算采用复式预算的编制办法，将各项财政收支按照不同的经济性质分解为经常性预算和建设性预算两大部分。根据 1995 年《预算法实施条例》，复式预算分为政府公共预算、国有资产经营预算、社会保障预算和其他预算，预算编制的科学性增强。1994 年《预算法》对预算管理的基本原则、预算管理级次、预算组织体系、预算年度、预算管理职权和预算收支范围等预算基本问题以及预算编制、预算审查和批准、预算调整、决算、监督等环节作出了明确规定。预算法制取得了重大进展。预算会计制度开始完善，1998 年财政部《财政总预算会计制度》《事业单位会计准则》《行政单位会计制度》对预算会计制度进行了改革，强化了财政预算管理的基础。国务院还加强了对预算外资金的管理。1996 年国务院《关于加强预算外资金管理的决定》将预算外资金严格定义为财政性资金，要求各部门向财政部门报送预算外资金收支计划，并提出"收支两条线"的基本管理模式，为预算外资金管理指明了基本方向。财政部制定了《预算外资金管理实施办法》《中央预算资金财政专户管理暂行办法》等配套文件。

2013 年，党的十八届三中全会明确提出"建立现代财政制度""改进预算管理制度"；2014 年，全国人大通过的新《预算法》，把政府从预算管理者变为管理对象，开启了"控制和规范公权力"的现代预算制度新纪元。《预算法》的全面修订，就是要按照提升国家治理能力的要求，建立全面规范、公开透明的预算制度，确保预算成为约束、规范政府各项收支行为的手段。要做到"以预算法定来约束政府预算行为"，就必须确定预算公开、预算权力制衡的现代法治预算标准，来保障人大的预算权力，实现国家治理体系和治理能力现代化目标。新《预算法》为落实预算制度现代化而作出的创新性贡献突出体现在七个方面，七个方面的制度创新，都是通过向人大赋权来实现从"政府管理预算"向"人民监督政府预算行为"的转变。

在我国，人民代表大会制度是财政民主最为重要的制度安排。人民代表大会制度是中国人民当家作主的根本政治制度。人民通过全国人民代表大会和地方各级人民代表大会，行使国家权力，参与到国家治理的过程中。新中国成立之初，各地在接管城市的过程中，创造了各界人民代表会议这一过渡形式，在新解放地区，各界代表人士或群众推选代表在军事管制委员会的组织下成立各界人民代表会议，协议政府机关征询意见、传达政策、联系群众，听取和讨论政府工作报告，提出批评与建议，构建起党和政府与人民沟通的桥梁。毛泽东对开好各级各界人民代表会议十分重视，认为这"对于我党联系数万万人民的工作，对于使党内外广大干部获得教育，都是极重要的"①。新中国成立70多年特别是改革开放40多年来，人民代表大会制度充分动员人民群众投身社会主义建设，有效保证国家机关协调高效运转，切实维护国家统一、民族团结、社会稳定，推动国家法律法规和制度体系更加成熟更加定型，发挥了极为重要的根本政治制度功能，在实践中展现出强大生命力和巨大优越性。1982年宪法明确了人大常委会预算监督权并第一次明确审计机关的宪法地位及其在预算监督制度中的作用。人大预算监督权真正的成长是伴随我国预算管理制度的变革而发生并发展的。

在新时代，人民代表大会制度在促进财政民主中发挥了更加重要的作用。新《预算法》在全口径预算、预算公开透明、地方政府债务、转移支付制度，以及预决算编制、审查和批准、执行和调整等各方面均对赋予各级人大预算权力作出了回应。我国现代预算制度的建立过程，是人民代表大会代表人民享有预算权力的过程。特别是对人大监督机制进行了具体规定，明确了预算报告初步审查制度，建立人大对预算、预算调整、执行、决算的审查监督机制。新《预算法》在总则部分，第十四条明确规定，"经本级人民代表大会或者本级人民代表大会常务委员会

---

① 《毛泽东文集》第六卷，人民出版社1999年版，第4页。

批准的预算、预算调整、决算、预算执行情况的报告及报表，应当在批准后二十日内由本级政府财政部门向社会公开"，赋予了人大、社会公众监督政府预算全过程的法律依据。新《预算法》进而在预算编制部分第四十一条至第四十六条，预算审查和批准部分第四十七条至第五十二条，预算调整部分第六十七条至第七十三条，决算部分第七十七条至第八十二条，预算监督部分第八十三条至第八十六条，明确规定了各级人大参与预算的权力，通过建立人大对政府预算的审查监督机制，向社会公众公开预算分配的标准、依据以及结果，从而依法约束政府的预算行为，切实保障人民的监督权、知情权以及参与权。

根据 2018 年 3 月中共中央办公厅印发的《关于人大预算审查监督重点向支出预算和政策拓展的指导意见》，审查批准预算、决算和监督预算执行是宪法和法律赋予全国人大及其常委会的重要职权，是依法决定国家重大事项，实现党的领导、人民当家作主、依法治国有机统一的重要载体。具体来说，体现在以下三个方面。[①]

一是加强了全口径审查和全过程监管。明确人大对支出预算和政策开展全口径审查和全过程监管；审查监督的主要内容包括支出预算的总量与结构、重点支出与重大投资项目、部门预算、财政转移支付、政府债务和政府预算收入。据此，修订草案对加强全口径审查和全过程监管，以及预算审查监督重点向支出预算和政策拓展的内容作出相应规定。为建立标准科学、规范透明、约束有力的预算制度，修订草案针对加强预算编制的监督工作作出规定：中央预算应当做到政策明确、标准科学、安排合理，增强可读性和可审性；预算编报要细化，并对完善一般公共预算、政府性基金预算、国有资本经营预算、社会保险基金预算的编报分别作出规定。为进一步健全完善预算审查监督的程序和机制，修订草案就加强和改善中央预算的初步审查工作作出规定：预算工作委

---

① 参见蒲晓磊：《我国进一步加强人大预算审查监督》，《法治日报》2021 年 4 月 28 日。

员会要充分听取意见建议，研究提出关于年度预算的分析报告；财政经济委员会对中央预算草案进行初步审查，就有关重点问题开展专题审议；有关专门委员会对对口联系部门的部门预算或相关领域预算资金开展专项审查。

二是进一步强化了预算执行监督工作。为增强预算审查监督的针对性和实效性，修订草案就加强预算执行的监督工作提出以下规定：国务院财政部门定期报送预算收支信息，国务院有关部门及时提供有关财政经济方面的数据；综合运用各种监督方式，加强预算执行监督；利用现代信息技术开展预算联网监督，提高预算审查监督效能。为落实预算法关于预算调整和调剂的规定，修订草案进一步明确需要报全国人大常委会审批的具体事项；健全新出台重要财税政策和预算重要变化情况的通报机制。加强决算审查和预算绩效审查监督，也是修订草案的一项重要内容。为贯彻落实党中央关于全面实施预算绩效管理等改革要求，修订草案对细化决算草案编报作出具体规定，并新增一条关于预算绩效审查监督的规定。修订草案还进一步加强审计监督和审计查出问题整改情况的监督。为更好发挥审计监督作用，加强人大预算审查监督与审计监督等贯通协调，修订草案提出：审计机关按照真实、合法和效益要求，对中央预算执行和其他财政收支以及决算草案开展审计监督；全国人大常委会对审计查出突出问题整改情况开展跟踪监督；全国人大常委会听取和审议国务院关于审计查出问题整改情况的报告。

三是补充完善了预算工作委员会职责。提请审议的修订草案，依法执行备案制度、强化预算法律责任。为落实预算法关于违反预算法律责任的规定，修订草案从严格执行备案制度、与法律规定不符的情况进行处理反馈等方面，作出进一步规定。为更好坚持和发挥人大代表的主体作用，修订草案提出：国务院财政等部门应当认真听取代表意见建议，主动回应代表关切；全国人大常委会有关工作机构应当加强与全国人大代表的沟通联系，健全预算审查联系代表工作机制。根据党中央关于人大预算审查监督重点拓展改革、人大加强国有资产管理情况监督等文件规定，在 1999 年《全国人民代表大会常务委员会关于加强中央预算审查监督的决定》关于"预算工作委员会职责"规定基础上，补充了"承担国有资产管理情况监督、审计查出突出问题整改情况跟踪监督方面的具体工作；承担预算、国有资产联网监督方面的具体工作"内容。

第六章

为人民花好用对每一分钱

　　人民财政为了人民。在中国共产党波澜壮阔的百年奋斗史中，无论是新民主主义革命时期"为革命的胜利与新中国的创造而节省一切可以节省的物质资财"，还是社会主义革命和建设时期"勤俭办一切事业""创立社会主义家业"；无论是改革开放和社会主义现代化建设新时期"坚持艰苦奋斗这个传统，才能抗住腐败现象"，还是中国特色社会主义新时代"努力使厉行节约、反对浪费在全社会蔚然成风"，党领导财政工作始终坚持艰苦奋斗、厉行节约、反对浪费、预防腐败、追求绩效，这些朴素的理念观念犹如一支支画笔在百年党史中不断擘画宏伟蓝图，构成了百年大党的人民财政观的重要内容，指引着我国财政发展与改革事业不断开拓进取、奋勇向前。

一、艰苦奋斗是人民财政的精神底色

　　中国共产党来自人民，一切工作都是为了人民。人民性决定了党领导财政工作始终坚守艰苦奋斗的精神底色。毛泽东曾指出："没有中国共产党在过去十五年间的艰苦奋斗，挽救新的亡国危险是不可能的。"① 习近平总书记也指出："中华民族伟大复兴，绝不是轻轻松松、敲锣打鼓就能实现的。全党必须准备付出更为艰巨、更为艰苦的努力。"② 无论是哪个时期，艰苦奋斗精神都为我们党的财政工作绘就了底色，可以说人民财政百年史就是一部艰苦奋斗的创业史。

1. 自力更生，艰苦奋斗

自诞生之日起，艰苦奋斗的精神便注入中国共产党人的血液之中。1921 年 7 月中共一大召开后，陈独秀请辞陈炯明的委任，从广东返回上海主持中央工作，放弃了北京大学提供的 300 元大洋的薪资，每月只领取组织提供的 35 元津贴。1921 年 10 月，陈独秀召集中央工作会议，指出："领取最低生活费是一个共产主义者最宝贵的精神品质。"③ 关于党员领取最低生活费的决定得到党员的一致赞成，尽管时常面临经费不足的境况，但早期的共产党人仍然对革命事业报以高涨的热情。

井冈山时期，面对国民党军队的经济封锁和军事围剿，根据地物质极其匮乏，战士们生活困难。毛泽东重上井冈山时曾回忆说，"住的是破草房，吃的是红米饭、南瓜汤，穿的是百家衣，脚上穿的是草鞋，夜里盖的是禾草，上山下山全靠两条腿，所有吃的、用的东西全靠两肩挑"④。1933 年 3 月，在闽浙赣省第二次工农兵代表大会对财政与经济问题进行了决议，提出"大规模革命战争激烈开展的时候，更须要发展苏区经济改善群众生活开发财政来源，增加财政收入，以充裕战争

---

① 《毛泽东选集》第一卷，人民出版社 1991 年版，第 185 页。

② 习近平：《决胜全面建成小康社会　夺取新时代中国特色社会主义伟大胜利——在中国共产党第十九次全国代表大会上的报告》，人民出版社 2017 年版，第 15 页。

③ 郭业洲主编：《长风破浪会有时——中国共产党对外工作九十年纪实》，当代世界出版社 2016 年版，第 16 页。

④ 《永远的旗帜：跨越时空的井冈山精神》，江西高校出版社 2016 年版，第 259 页。

经费"①。为了克服物质缺乏的困难,毛泽东带领着军队实地取材,开源节流,兴办缝纫厂、被服厂、中药厂等,解决军队的基本生活需要,同时因地制宜实行土改政策,开发荒地,解决军队和农民的粮食问题,逐渐打破反对势力的经济封锁,不断壮大根据地力量,为反"围剿"胜利奠定了基础。

专栏6-1 "东方魔力"与"中国的希望"

1936年和1939年,美国记者斯诺两次采访延安和陕北革命根据地,被中国共产党人艰苦奋斗的精神力量所感染。在这位美国记者的笔下,毛泽东住着简陋的窑洞,周恩来睡的是土炕,彭德怀穿着用缴获的降落伞改制的背心,林伯渠戴着用线绳系着断了腿的眼镜,"司令部——当时指挥三万多军队——不过是一间简单的屋子,内设一张桌子和一条板凳,两只铁制的文件箱,红军自绘的地图⋯⋯"②。斯诺从这些细节中看到了中国共产党所具有的一种独特力量,他称其"东方魔力",并断言这是中国共产党的胜利之本。

1940年3月,陈嘉庚率领南洋华侨回国慰劳视察团首先访问了当时的国民政府陪都重庆,看到国民党官员的奢靡之风、挥霍浪费后大失所望。1940年5月31日,陈嘉庚到延安实地考察,延安的艰苦朴素之风令陈嘉庚耳目一新,认为"实为别有天地,大出我意料之外"。他由衷地感慨道,"余观感之余,衷心无限兴奋,梦寐神驰,为我大中华民族庆祝也",并由此得出"中国的希望在延安"的结论。

实际上,无论是"东方魔力"还是"中国的希望",都是我们党艰苦奋斗精神在革命时期的集中体现。

1937年3月5日,毛泽东为中国人民抗日军事政治大学(以下简称

---

① 《闽浙赣省第二次工农兵代表大会——财政与经济问题的决议案》(1933年3月31日),载江西省税务局等编:《中央革命根据地工商税收史料选编》,福建人民出版社1985年版,第197页。

② [美]埃德加·斯诺:《红星照耀中国》,董乐山译,东方出版社2010年版,第269页。

"抗大") 亲笔题词, 把 "艰苦奋斗的工作作风" 确定为抗大的教育方针。
1938 年 4 月, 毛泽东在陕北公学第二期开学典礼上讲道: "共产党也有
他的作风, 就是: 艰苦奋斗! 这是每一个共产党员, 每一个革命家的
作风。"[①]1939 年, 毛泽东进一步指出: "坚定正确的政治方向, 是与艰苦
奋斗的工作作风不能脱离的"[②], 并提出 "自己动手, 自力更生, 艰苦奋
斗, 克服困难" 的号召, 带领军民开展大生产运动, 为抗战胜利奠定了
物质基础。中国共产党在革命时期所经历的艰难困苦是世所罕见的, 在
那样残酷的环境中取得的胜利堪称人间奇迹, 而艰苦奋斗则是中国共产
党人克服困难、取得中国革命胜利 "奇迹" 的精神支撑和重要手段。

2. 勒紧裤腰带搞建设

1949 年 3 月 5 日, 在解放战争即将取得全国胜利之际, 毛泽东针
对党内出现的骄傲自满、功成名就的思想状态, 告诫大家: "夺取全国
胜利, 这只是万里长征走完了第一步", 并提出 "务必使同志们继续地
保持谦虚、谨慎、不骄、不躁的作风, 务必使同志们继续地保持艰苦奋
斗的作风"。[③]新中国成立之初, 面对国内百废待兴的困难局面和西方国
家的包围封锁, 中国共产党决心独立自主、自力更生, 走一条以实行计
划经济、优先发展重工业为基本特征的社会主义工业化道路。为此, 周
恩来指出: "我们要争取十五年的时间, 就是三个五年计划或者更多一
点时间建成社会主义工业国, 如果不艰苦奋斗, 那不是轻易可成的。"[④]
为了解决财政经济方面的困难, 继续发扬艰苦奋斗的精神, 毛泽东强

---

① 中共中央文献研究室编:《毛泽东著作专题摘编》(下), 中央文献出版社 2003 年版,
第 2132—2133 页。

② 毛泽东:《国民精神总动员的政治方向》,《新中华报》1939 年 5 月 10 日。

③ 《毛泽东选集》第四卷, 人民出版社 1991 年版, 第 1438—1439 页。

④ 《周恩来经济文选》, 中央文献出版社 1993 年版, 第 347 页。

调:"全国一切革命工作人员永远保持过去十余年间在延安和陕甘宁边区的工作人员中所具有的艰苦奋斗的作风。"①无论是革命时期还是建设新中国时期,没有艰苦奋斗的精神根本无法取得胜利,中国共产党正视了这种现实,始终把发扬艰苦奋斗精神作为党团结人民、克服困难、战胜敌人、变革社会的重要法宝。

艰苦奋斗是新中国成立初期现实环境的必然选择。中国共产党带领全国人民"勒紧裤腰带"过日子,"毛泽东对自己实行三不:不吃肉,不吃蛋,不超粮食定量,严格控制伙食标准。朱德的夫人康克清带领孩子挖野菜,以解决粮菜的匮缺。周恩来居住的西花厅因年久失修曾经用脸盆接水"②。举国上下,艰苦奋斗、自强不息,把有限的人力、物力投入到当时最紧迫的工业化建设之中,使我国顺利完成了由新民主主义向社会主义的过渡。

3.要勤俭办一切事情

改革开放之初,邓小平高瞻远瞩地指出:"要坚持我们历来的艰苦奋斗的传统。否则我们的事业是不会有希望的。"③1987年邓小平在中共十三大上强调指出:"以后的六十二年,我们还要夹着尾巴做人,要很谨慎,并且要艰苦奋斗。艰苦奋斗还是要讲,一点不能疏忽,要勤俭办一切事情,才能实现我们的目标。"④1989年邓小平提醒全党,"艰苦奋斗是我们的传统,艰苦朴素的教育今后要抓紧,一直要抓六十至

---

① 《毛泽东文集》第六卷,人民出版社1999年版,第17页。

② 钟健能:《谈艰苦奋斗精神》,《刊授党校》2014年第10期。

③ 中共中央文献研究室编:《邓小平年谱(1975—1997)》(下),中央文献出版社2004年版,第785页。

④ 中共中央文献研究室编:《邓小平年谱(1975—1997)》(下),中央文献出版社2004年版,第1216页。

七十年"①。"我们的党员、干部，特别是高级干部，一定要努力恢复延安的光荣传统，努力学习周恩来等同志的榜样，在艰苦创业方面起模范作用。"②面对新的创业时期，邓小平带领中国人民抓住机遇，艰苦奋斗，为 21 世纪中国经济的腾飞奠定了物质基础。

　　1995 年 1 月，江泽民在《加强思想政治建设，提高干部和党员队伍素质》中指出："艰苦奋斗，是中国共产党的光荣传统，是我们党保持同人民群众密切联系的一个法宝，也是一个干部特别是领导干部必须具备的基本政治素质。"③1997 年，江泽民进一步强调，"以艰苦奋斗、勤俭朴素为荣，以铺张浪费、奢侈挥霍为耻"④。进入 21 世纪，针对贪图享乐的歪风邪气，江泽民严肃批评道："艰苦奋斗，事业必成；贪图享受，自毁前程。"⑤

　　党的十六大之后，胡锦涛多次强调要坚持发扬艰苦奋斗的优良作风，"即使将来我们的国家发达了，人民的生活富裕了，艰苦奋斗的精神也不能丢"⑥，"各级领导干部要牢记'两个务必'，带头发扬艰苦奋斗、勤俭节约的精神，带头反对铺张浪费和大手大脚，带头抵制拜金主义、享乐主义和奢靡之风"⑦，"越是改革开放和发展社会主义市场经济，越要弘扬艰苦奋斗的精神"⑧。

---

①　《邓小平文选》第三卷，人民出版社 1993 年版，第 306 页。

②　《邓小平文选》第二卷，人民出版社 1994 年版，第 260 页。

③　中共中央文献研究室编：《十四大以来重要文献选编》（中），人民出版社 1997 年版，第 1195 页。

④　《江泽民文选》第一卷，人民出版社 2006 年版，第 621 页。

⑤　《江泽民文选》第三卷，人民出版社 2006 年版，第 197 页。

⑥　中共中央文献研究室编：《十六大以来重要文献选编》（上），中央文献出版社 2005 年版，第 82 页。

⑦　中共中央文献研究室编：《十六大以来重要文献选编》（下），中央文献出版社 2008 年版，第 875 页。

⑧　胡锦涛：《坚持发扬艰苦奋斗的优良作风　努力实现全面建设小康社会的宏伟目标——在西柏坡学习考察时的讲话》，人民出版社 2004 年版，第 8 页。

历史和实践证明，艰苦奋斗精神是我们党事业必不可少的精神力量，也是我们党继往开来、开拓创新的巨大动力。在改革开放时期，中国共产党不断提倡艰苦奋斗，并非要求广大党员重新回到过去艰难困苦的环境中去，而是要保持"那么一种革命精神"，越是经济发展，越不能丢掉艰苦奋斗精神。它不仅仅是精神层面的不畏艰险、锐意进取，更是要求每一名中国共产党员在物质层面克勤克俭，自觉抵制奢侈浪费，从而不断满足人民群众日益增长的物质文化需要，使人民过上更加美好的生活。

4. 把艰苦奋斗精神传承下去

党的十八大以来，以习近平同志为核心的党中央坚持和发扬艰苦奋斗精神。在十八届中央纪委第二次全会上，习近平强调"能不能坚守艰苦奋斗精神，是关系党和人民事业兴衰成败的大事"①。进入中国特色社会主义新时代，习近平总书记告诫全党，"一定要保持艰苦奋斗、戒骄戒躁的作风，以时不我待、只争朝夕的精神，奋力走好新时代的长征路"②。在2018年春节团拜会上的讲话中，习近平总书记进一步指出："奋斗是艰辛的，艰难困苦、玉汝于成，没有艰辛就不是真正的奋斗，我们要勇于在艰苦奋斗中净化灵魂、磨砺意志、坚定信念"③，并强调要把艰苦奋斗精神一代一代传承下去。2019年3月5日，习近平总书记参加十三届全国人大二次会议内蒙古代表团审议时指出："党和政府带头过紧日子，目的是

---

① 中共中央纪律检查委员会、中共中央文献研究室编：《习近平关于党风廉政建设和反腐败斗争论述摘编》，中国方正出版社、中央文献出版社2015年版，第70页。

② 《习近平谈治国理政》第三卷，外文出版社2020年版，第54页。

③ 中共中央党史和文献研究院、中央"不忘初心、牢记使命"主题教育领导小组办公室编：《习近平关于"不忘初心、牢记使命"论述摘编》，党建读物出版社、中央文献出版社2019年版，第241页。

为老百姓过好日子，这是我们党的宗旨和性质所决定的。不论我们国家发展到什么水平，不论人民生活改善到什么地步，艰苦奋斗、勤俭节约的思想永远不能丢。"①

进入中国特色社会主义新时代，世界百年未有之大变局与发展的战略机遇期并存，面对不断加大的经济下行压力，党和政府提出要带头"过紧日子"，是艰苦奋斗精神在新时代的传承和发扬，它既是针对减税降费后财政收入减少的应对之道，也是政府财政资金使用上必须长期恪守的一个行为准则。党和政府艰苦奋斗，让利于企、让利于民，为企业和人民创造宽松的增收环境，实现整个社会的和谐运转。

艰苦奋斗精神为人民财政观注入强大精神动力。财政取之于民、用之于民，恒念物力维艰、常思民生疾苦，对每一分财政资金精打细算，推动中国特色社会主义财政制度不断丰富完善。

二、厉行节约是为民理财的基本操守

厉行节约是我们党领导财政工作的优良传统，也是财政工作必须坚持的指导方针。无论是革命时期还是中国特色社会主义新时代，厉行节约始终是我们党解决财政困难、积累财政资金的基本要求。只有将厉行节约作为人民理财的道德操守，才能确保每一分钱都用在刀刃上、紧要处。

1. 为战争和革命事业节省每一个铜板

新民主主义革命时期，为了应对财政经济困难的局面，党中央号召

---

① 中共中央党史和文献研究院、中央"不忘初心、牢记使命"主题教育领导小组办公室编：《习近平关于"不忘初心、牢记使命"论述摘编》，党建读物出版社、中央文献出版社2019年版，第245页。

以增产节约的方式支持革命。1931 年中华苏维埃共和国临时中央政府在江西瑞金成立，提出"节省经济充裕战费，保证一切的战争任务"①。同年，朱德等发布了《节省经费的训令》，指出："每个机关每月从三元起至八元止，按照至低限度的需要开支。总司令部不得超过八元。除上列规定外，过去各种开支，如挑夫费、药费、交通费、侦探费等项一律停发。"②1932 年，毛泽东指出："政府中一切可以节省的开支，如客饭，办公费，灯油杂费，都须尽量减少，尤其纸张信套，更可以节省使用。"③

专栏 6-2　苏区干部率先垂范，节俭奉公

　　1934 年 3 月，陈云、邓颖超、博古、毛泽覃、陆定一、罗迈、潘汉年、彭儒等苏区中央机关 23 名领导和工作人员联名写信给《红色中华》编辑部，提出自己节约奉公的做法："一，每天节省二两米，使前方红军吃饱，好打胜仗；二，今年，公家不发我们热天衣服，把这些衣服给战士穿。"③并建议大家"响应《红色中华》节省运动的号召"，开展个人节俭运动。中央苏区最高领导人之一的张闻天自带伙食办公，连下基层也自带干粮。有一次他去瑞金消费合作总社检查食盐采购情况，开饭时谢绝了客饭，自己从包里掏出冻得又冷又硬的几个番薯热后吃掉了，让当地干部们极为感动。在中央领导的带动下，苏区许多干部自带干粮办公。当时，在苏区流行的一首歌谣唱道："苏区干部好作风，自带饭包去办公。日着草鞋干革命，夜点灯笼访贫农。"真实地表明了苏区干部在人民群众中节约奉公的良好形象。

---

　　① 《中央工农检察委员会检字第二号——继续开展检举运动》，《红色中华》1934 年 4 月 19 日。

　　② 金冲及主编：《朱德传》，中央文献出版社 2006 年版，第 291 页。

　　③ 中共中央文献研究室编：《毛泽东著作专题摘编》（下），中央文献出版社 2003 年版，第 2139 页。

1934 年 1 月，毛泽东在第二次全国工农兵代表大会上指出："财政的支出，应该根据节省的方针。""节省每一个铜板为着战争和革命事业，为着我们的经济建设。"② 为了筹集抗战财粮，陕甘宁边区财政严格落实党中央制定的《简政实施纲要》，实施预算节约方案：一是 6 万余人的布匹全部自织，不买一匹布，可节省 1000 万元；二是制定印刷出版、兵工器材等费用预算，力求节省；三是边区子弟的衣服、伙食自备，政府提供笔墨课本；四是制定个人节约办法，与公共节约并重。据统计，1945 年全边区共节约 20 亿元，足够公家一年的生活费。正如边区政府主席林伯渠所说："边区的财政是'取之有道，用之得当'的。在数量上讲，全世界没有这样穷这样廉的政府，在内容上讲，全世界又没有这样有理有节的财政。"③ 不仅如此，毛泽东还辩证地看待勤与俭、发展生产与厉行节约二者的关系，指出发展是勤俭节约的根本目的。"生产和节约并重等项原则，仍是解决财经问题的适当的方针。"④ 出于此种认识，毛泽东领导人民多次开展增收节支、增产节约运动。1944 年 12 月 15 日，毛泽东在《一九四五年的任务》中谈道："'发展经济，保障供给'，是我们确定不移的财政方针。如果我们不去从根本上发展经济，而去枝枝节节地解决财政问题，就是错误的方针。"⑤

除了节约运动，延安时期为了应对"鱼大水小"的问题，即财政供养人员骤增与财政收入锐减之间的收支矛盾问题，边区政府推行"精兵简政"政策。1942 年 12 月，毛泽东在陕甘宁边区高级干部会议上

---

① 余伯流、凌步机：《中央苏区史》，江西人民出版社 2001 年版，第 933 页。
② 余伯流、凌步机：《中央苏区史》，江西人民出版社 2001 年版，第 134 页。
③ 王思林：《不急之务不举 不急之钱不用——延安时期陕甘宁边区政府如何过紧日子》，《北京日报》2020 年 6 月 22 日。
④ 《毛泽东选集》第四卷，人民出版社 1991 年版，第 1176 页。
⑤ 《毛泽东文集》第三卷，人民出版社 1996 年版，第 241 页。

强调:"在这次精兵简政中,必须达到精简、统一、效能、节约和反对官僚主义五项目的。"① 各根据地按照中央指示精神,根据"少而精"原则,紧缩编制,精兵简政为化解革命时期财政危机、巩固抗日民主政权意义重大。

革命战争时期,中国共产党领导下的陕甘宁边区政府面对敌人的军事和经济封锁,积极落实厉行节约、精兵简政的施政方针,为了革命的胜利节省一切可节省的人力、物力。与此同时,党和政府带头节约、身体力行,从吃饭穿衣这些日常事务中凸显与人民之间血肉相连、甘苦与共的鱼水之情。革命时期的中国共产党不仅抵御外敌、保护人民利益不受侵犯,也带领和号召人民厉行节约、共渡难关。

2. 节减一切可以节减的开支保证社会主义工业建设

1950 年 6 月,毛泽东在中共中央召开的七届三中全会上作了《为争取国家财政经济状况的基本好转而斗争》的报告,指出:"要获得财政经济情况的根本好转,需要三个条件,即:(一)土地改革的完成;(二)现有工商业的合理调整;(三)国家机构所需经费的大量节减。"②1951 年 10 月,中央召开政治局扩大会议,确定了解决当时财政困难的五条办法,其中第三条为"紧缩开支,清理资财",第四条是"提倡节约,严禁浪费"。这两条办法明确向全党全国人民发出了全面开展节约运动的号召。同年 12 月 1 日,党中央在《关于实行精兵简政,增产节约,反对贪污、反对浪费和反对官僚主义的决定》中,进一步强调要开展增产节约运动,"它是既保证朝鲜战争能够胜利又保证国内物价稳定的方针,它是积累资金、取得经验、加速国家

---

① 《毛泽东选集》第三卷,人民出版社 1991 年版,第 895 页。
② 中共中央文献研究室编:《建国以来重要文献选编》第一册,中央文献出版社 1992 年版,第 233 页。

经济建设的方针，它又是整肃党纪，提高工作效率和转变社会风气的方针"①。1951 年 12 月，毛泽东指出："为了建设重工业和国防工业，就要付出很多的资金，而资金的来源只有增产节约一条康庄大道"②。对此，时任政务院副总理兼财政部部长的邓小平也指出："为了把国家财政放在稳固的基础上，保证社会主义工业建设，必须节减一切可以节减的开支，克服浪费。"③"尽可能地减少一切机关的非生产的开支，厉行节约，是我们必须坚持贯彻的原则。"④

1955 年，毛泽东在第七届中央委员会扩大的第六次全体会议上指出："要提倡勤俭持家，勤俭办社，勤俭建国"⑤，并提出"我们的国家一要勤，二要俭，不要懒，不要豪华。懒则衰，就不好"⑥。毛泽东认为，勤俭建国需要全民总动员，"我们六亿人口都要实行增产节约，反对铺张浪费"⑦。在我国经济最困难的 20 世纪五六十年代，毛泽东提出了"新三年，旧三年，缝缝补补又三年"的节俭口号，他的一件睡衣上密密麻麻地打着 73 个补丁，既是他注重勤俭节约的历史见证，更映衬出他身体力行、艰苦朴素、勤俭治国的优良作风。

新中国成立后，中国共产党围绕社会主义建设与财政资金匮乏之间的矛盾，探索出厉行节约这一解决办法。从生产建设到行政管理再到生活消费，增产节约运动贯穿于社会主义建设初期的方方面面，也正是在这场声势浩大的节约运动的带领下，新中国逐步形成了相对独

---

① 薄一波：《若干重大决策与事件的回顾》，中共中央党校出版社 1996 年版，第 139 页。

② 《毛泽东文集》第六卷，人民出版社 1999 年版，第 207 页。

③ 《邓小平文选》第一卷，人民出版社 1994 年版，第 197 页。

④ 中共中央文献研究室编：《建国以来重要文献选编》第五册，中央文献出版社 1993 年版，第 311 页。

⑤ 中共中央文献研究室编：《毛泽东著作专题摘编》（上），中央文献出版社 2003 年版，第 935 页。

⑥ 中共中央文献研究室编：《毛泽东著作专题摘编》（上），中央文献出版社 2003 年版，第 935 页。

⑦ 《毛泽东文集》第七卷，人民出版社 1999 年版，第 240 页。

立的经济体系，建立了国家工业化和国防现代化的初步基础，为国民经济长久发展奠定了基础。

3. 勤俭节约的好传统不能丢

在任何时候，人民性的基因永远不能丢，决定了勤俭节约的好传统永远也不能丢。改革开放初期，邓小平指出，要真正实现四个现代化，"不提倡艰苦奋斗，勤俭节约，这个目标不能达到"①。邓小平认为，勤俭节约是实现民富国强的强大动力，要使我国在 21 世纪中叶发展成为中等发达国家，则"要勤俭办一切事情，才能实现我们的目标"②。邓小平在探索中国社会主义建设道路的过程中，发扬勤俭节约的优良传统，为我国实现温饱的战略目标提供了精神动力。

20 世纪 90 年代以来，中国的经济高速增长，一部分党员和干部淡忘了勤俭节约、艰苦奋斗的优良传统。为此，江泽民指出："一个国家、一个民族，如果不提倡艰苦奋斗、勤俭建国，人们只想在前人创造的物质文明成果上坐享其成，贪图享乐，不图进取，那末，这样的国家，这样的民族，是毫无希望的，没有不走向衰落的。"③ 对于由于经济增长所导致的资源破坏和环境污染，江泽民提出："任何地方的经济发展都要注重提高质量和效益，注重优化结构，都要坚持以生态环境良性循环为基础"④。

党的十六大后，胡锦涛要求各级领导干部"要保持那么一种革命精

---

① 中共中央文献研究室编：《邓小平年谱（1975—1997）》（下），中央文献出版社 2004 年版，第 785 页。

② 中共中央文献研究室编：《邓小平年谱（1975—1997）》（下），中央文献出版社 2004 年版，第 1216 页。

③ 中共中央文献研究室编：《十四大以来重要文献选编》（中），人民出版社 1997 年版，第 1195—1196 页。

④ 《江泽民文选》第一卷，人民出版社 2006 年版，第 533 页。

神、那么一种勤俭作风"①，因为"我国还是发展中国家……艰苦奋斗、勤俭节约的好传统仍然不能丢"②，并带头发扬艰苦奋斗、勤俭节约的精神。2006 年 12 月 25 日，胡锦涛在中共中央政治局第三十七次集体学习时的讲话中提出建设资源节约型、环境友好型社会时强调指出："要深入开展节约能源资源和环境保护的宣传教育，让节约能源资源深入人心，使节约能源资源成为全社会的自觉行动。"③ 胡锦涛在党的十八大报告中进一步指出，要全面促进资源节约，坚持节约资源的基本国策，从实现中华民族永续发展的战略高度来认识厉行节约的重要意义。

厉行节约是中国共产党进行社会主义现代化建设积累资金、积蓄力量的重要方式，也是改革开放以来国家领导人始终践行的准则。中国共产党将厉行节约融入到改革开放之中，把有限的人力物力用到经济建设和社会建设的刀刃上，在不断提高管理水平、促进经济发展的同时，注重减少资源消耗，保证社会主义现代化建设的顺利推进。

4.努力使厉行节约在全社会蔚然成风

党的十八大以来，中国共产党不但把节俭视为党的德性的彰显，而且还把"非享乐，不贪图私利"的节俭要求看作衡量一名共产党员、一名领导干部是否具有共产主义远大理想的客观标准。2013 年年初，习近平总书记作出重要批示："要加大宣传引导力度，大力弘扬中华民族勤俭节约的优秀传统，大力宣传节约光荣、浪费可耻的思想观念，

---

① 中共中央文献研究室编：《十六大以来重要文献选编》（中），中央文献出版社 2006 年版，第 627 页。

② 中共中央文献研究室编：《十六大以来重要文献选编》（下），中央文献出版社 2008 年版，第 875 页。

③ 中共中央文献研究室编：《厉行节约 反对浪费——重要论述摘编》，中央文献出版社 2013 年版，第 48—49 页。

努力使厉行节约、反对浪费在全社会蔚然成风。"①6 月 18 日，在党的群众路线教育实践活动工作会议上，习近平总书记明确要求"做到艰苦朴素、精打细算，勤俭办一切事情"②。2013 年 11 月 18 日，中共中央、国务院印发《党政机关厉行节约反对浪费条例》，首次梳理了不当使用公共资产和资源问题，划出了厉行节约、反对浪费的红线。2019 年全国"两会"期间，习近平总书记再次强调："不论我们国家发展到什么水平，不论人民生活改善到什么地步，艰苦奋斗、勤俭节约的思想永远不能丢。"③

新时代节约型社会不仅在思想层面和工作作风方面要求厉行节约，在资源环境方面同样要求坚持节约优先的保护原则，习近平总书记指出："必须树立和践行绿水青山就是金山银山的理念，坚持节约资源和保护环境的基本国策……形成绿色发展方式和生活方式"④。强调"动员全社会都以实际行动减少能源资源消耗"⑤，"广泛开展节约型机关、绿色家庭、绿色学校、绿色社区创建活动，推广绿色出行，通过生活方式绿色革命，倒逼生产方式绿色转型"⑥。

厉行节约的目的在于发展，努力把宝贵的财政资源发挥出最大的效益，既是新时代背景下厉行节约的应有之义，也是我国社会经济全面发展的必然要求。党的十八大以来，习近平总书记多次对勤俭节约作出重要指示，要求全党继续发扬勤俭节约的精神，打牢过紧日子的思想基

① 《习近平谈治国理政》第一卷，外文出版社 2018 年版，第 363 页。

② 中共中央纪律检查委员会、中共中央文献研究室编：《习近平关于党风廉政建设和反腐败斗争论述摘编》，中国方正出版社、中央文献出版社 2015 年版，第 73 页。

③ 中共中央党史和文献研究院、中央"不忘初心、牢记使命"主题教育领导小组办公室编：《习近平关于"不忘初心、牢记使命"论述摘编》，党建读物出版社、中央文献出版社 2019 年版，第 245 页。

④ 习近平：《决胜全面建成小康社会　夺取新时代中国特色社会主义伟大胜利——在中国共产党第十九次全国代表大会上的报告》，人民出版社 2017 年版，第 23—24 页。

⑤ 《习近平谈治国理政》第三卷，外文出版社 2020 年版，第 363 页。

⑥ 《习近平谈治国理政》第三卷，外文出版社 2020 年版，第 367—368 页。

础。中国特色社会主义进入新时代以来，厉行节约仍然是党领导财政工作始终遵循的基本原则，也是优化财政资源配置、发挥财政治理作用的有力保障。

纵观中国共产党 100 年来的发展历程，不难发现，厉行节约作为为民理财的基本操守，一直激励着中国共产党人在革命、建设和改革实践中顽强进取。革命时期和新中国成立初期多次开展增产节约运动，其目的在于缓解当时的财政困难，节省支出的同时拓展收入来源；改革开放之后尤其是进入中国特色社会主义新时代，提倡厉行节约、勤俭治国方针则更多地出于治理贪腐浪费、保护资源环境和净化政治生态的目的。但无论在哪一个时期，厉行节约始终是提高财政资金使用效率的一项重要手段。只有各级财政厉行节约，不该花的不花，该花的花好用对，才能取得真正的绩效。

三、防止浪费要从制度入手

人民是财政的主体，财政的每一分钱都是人民的。浪费人民的钱，就是犯罪。防止浪费是我们党贯彻落实人民财政观的必然要求。无论是戎马倥偬的战争年代，还是和平建设时期，中国共产党一直提倡在全社会范围内开展以反浪费为主题的运动或斗争，极大促进了革命、建设和改革事业的发展，同时对广大群众也产生了深刻的影响和教育作用。从新民主主义革命时期到中国特色社会主义新时代，中国共产党不仅在思想上和工作作风上强调反对铺张浪费，在实践中也不断探索如何从制度上防止浪费行为，尤其是党的十八大以来，伴随着《党政机关厉行节约反对浪费条例》的出台，以及中央和国家机关会议费、差旅费、培训费管理办法等配套制度的制定，从源头上扎起了刹住奢侈浪费之风的制度体系。

1. 谁要浪费一文钱都是罪恶

革命根据地苏维埃政权建立之初，由于监察、法制和财务制度不完善，一些政府机关、基层党团组织、企业和事业单位、经济和后勤部门和群众团体中出现了严重的浪费现象。由于"浪费过度，土豪富农已打尽了，于是由富农打到中农，甚至有一时期连贫农稍有少数现金余存储蓄的都打起来了"，其结果是造成了根据地苏维埃政府与人民群众之间的裂痕，发生了群众"不信仰苏维埃政府"的现象。① 为此，1932 年 2 月 17 日中央政府发布了《帮助红军发展战争、实行节俭经济运动》第三号通令，"过去各地政府和群众团体出现许多浪费现象，根本没有节省费用、准备发展战争的观念，这是苏维埃政权下绝对不允许的"②。随后，掀起了首次声势浩大的反浪费斗争，并取得了良好的经济和社会效果。3 月 2 日，中央政府副主席兼工农检察部部长项英发表《反对浪费严惩贪污》一文，严正指出，"这个时候，谁要浪费一文钱，都是罪恶，若是随意浪费，那实际是破坏革命战争"③。1933 年 12 月 25 日，毛泽东签发《中华苏维埃共和国中央执行委员会第 26 号训令——关于惩治贪污浪费行为》，就惩治贪污浪费规定了量刑处罚标准，开始从法制层面反对贪污浪费。1934 年 1 月 16 日，《红色中华》号召全苏区革命工农群众实现六项节省规约：每天节省一个铜板；不进馆子，不吃小食；节省办公费 30%；普遍建立节约箱；每个伙食单位建立一个菜园；残酷地开展对一切浪费的官僚主义的斗争。对于反浪费斗争，毛泽东严厉指出："应该使一切政府工作人员明白，贪污和浪

---

① 项英：《反对浪费严惩贪污》，《红色中华》1932 年 3 月 2 日。

② 黄修荣、刘宋斌主编：《中国共产党廉政反腐史记》，中国方正出版社 1997 年版，第 17 页。

③ 黄修荣、刘宋斌主编：《中国共产党廉政反腐史记》，中国方正出版社 1997 年版，第 17 页。

费是极大的犯罪。"①

在新民主主义革命时期，中国共产党已经从"防"和"惩"两个方面开展反对浪费的斗争。为了防止浪费现象的发生，中国共产党将反浪费斗争上升到革命高度，正如刘少奇所言，"对民力、对物质资财的不爱惜，无异于对党对革命不负责任，无异于犯罪"②。在革命时期开展反浪费斗争，不仅是中国共产党积聚革命力量、战胜敌人的重要手段，也是中国共产党保持优良作风建设和奋斗意志的宝贵经验。

2. 进行坚决的反浪费斗争

新中国成立后，反浪费运动得到了延续和壮大。1951 年 11 月 1 日，在东北局向中央呈报的报告中，关于国家机关暴露出来的贪污浪费严重状况引起了毛泽东的高度关注。毛泽东在 1951 年 11 月 20 日转发该报告时，明确提出"在此次全国规模的增产节约运动中进行坚决的反贪污、反浪费、反官僚主义的斗争"③。这是毛泽东首次提出开展"三反"运动。1951 年 12 月初，毛泽东在修改《中共中央关于实行精兵简政，增产节约，反对贪污、反对浪费和反对官僚主义的决定》时，在"中央人民政府不久将颁布惩治贪污的条例"之后补充了"惩治浪费的条例"，④ 指出："浪费的范围极广，项目极多，又是一个普遍的严重现象，故须着重地进行斗争，并须定出惩治办法。"⑤1952 年 3 月 8 日，政务院第 127 次政务会议批准通过了《中央节约检查委员会关于处理贪污、浪费及克服官

---

① 《毛泽东选集》第一卷，人民出版社 1991 年版，第 134 页。

② 《刘少奇选集》上卷，人民出版社 1981 年版，第 225 页。

③ 《建国以来毛泽东文稿》第二册，中央文献出版社 1988 年版，第 513 页。

④ 《建国以来毛泽东文稿》第二册，中央文献出版社 1988 年版，第 535 页。

⑤ 《毛泽东文集》第六卷，人民出版社 1999 年版，第 209 页。

僚主义错误的若干规定》，第一次对浪费问题的处理方针、原则和办法提出了统一的政策性标准。反浪费运动不仅反对个人生活方面的铺张浪费，更反对集体生活的超支，对由于经验不足或负责人失职所带来业务上的浪费也进行了严厉的批评。[①]

防止浪费要从点滴做起。正如周恩来所言，"国家大了，稍微不留神，就要浪费一批人力，或者物力，或者财力，对我们建设就不利"[②]。陈云也曾指出，"任何一项小的浪费，如果不加纠正，推算到全国，一年、五年、十年、二十年，那就没有一项不是巨大的浪费"[③]。为此，陈云强调："只要谨慎从事，有意识地避免浪费，浪费是可以减少的。"[④]1958 年 1 月 8 日《人民日报》发表社论《从梅林看全国》，指出："由于这个运动，我国 1955 年的财政开支大大节省了，不仅平衡了预算，而且有了很大的结余，促进了 1956 年工农业生产的大跃进。现在，我国社会主义建设的规模较之几年以前更大了，国家用在各项建设事业上的资金更多了，如果不更加注意节约，这个地方浪费一点，那个地方浪费一点，加起来就是一个惊人的数目。"[⑤]

反浪费运动在国家建设之中赋予了新的时代内容和特色。新中国成立之后，党中央将反浪费作为全党的一件大事来抓，不仅荡涤了旧社会遗留下的奢靡之风，也为巩固新生人民政权、保障人民当家作主起到积极作用，有效地遏制了浪费奢靡上行下效的不正之风，为新中国的经济建设创造了良好的社会环境。

---

① 参见中共中央文献研究室编：《建国以来重要文献选编》第三册，中央文献出版社 1992 年版，第 107—114 页。

② 《周恩来经济文选》，中央文献出版社 1993 年版，第 206—207 页。

③ 《陈云文集》第二卷，中央文献出版社 2005 年版，第 631 页。

④ 《陈云文集》第二卷，中央文献出版社 2005 年版，第 630—631 页。

⑤ 《从梅林看全国》，《人民日报》1958 年 1 月 8 日。

3.反对讲排场、比阔气、铺张浪费

守好人民的钱袋子，必须旗帜鲜明地反对讲排场、比阔气、铺张浪费。改革开放以来，以邓小平同志为主要代表的中国共产党人开始考虑和探索从具体制度层面上防止党员领导干部铺张浪费，努力保持党同人民群众的血肉联系。1980 年 1 月，邓小平在《目前的形势和任务》一文中提出，"最大的问题还是要杜绝各种浪费"，尤其是党的高级干部不允许搞特殊化、当老爷。他指出，在这方面"中央已经作了一些规定，今后还要作更多更严的规定"①。1981 年 9 月 9 日，邓小平在会见竹入义胜为团长的日本公明党第十次访华代表团时讲道："在到本世纪末的二十年中，还不能浪费，不能把经济发展的成果通通分掉，那样再生产、再发展就没有希望了。"② 防止和惩戒浪费行为，是为了给社会主义现代化建设积累物质基础，陈云曾形象地说道："只顾吃饭，吃光用光，国家没有希望。必须在保证有饭吃后，国家还有余力进行建设。"③ 从而，论证了"吃饭财政"和"建设财政"之间的辩证关系。

20 世纪 90 年代以来，随着国家经济快速增长，一些地方讲排场、比阔气、挥霍公款等奢侈浪费现象复发。为此，江泽民提醒全党："奢侈浪费既是消极颓废的表现，也是腐败问题得以产生和蔓延的温床。"④"不讲学习，不讲修养，思想懒惰，随波逐流，是产生错误、滋长奢侈浪费等不正之风的一个重要原因。"⑤ 党中央、国务院于 1997

---

① 《邓小平文选》第二卷，人民出版社 1994 年版，第 260 页。
② 中共中央文献研究室编：《邓小平年谱（1975—1997）》（下），中央文献出版社 2004年版，第 770 页。
③ 《陈云文选》第三卷，人民出版社 1995 年版，第 306 页。
④ 《江泽民文选》第一卷，人民出版社 2006 年版，第 617 页。
⑤ 《江泽民文选》第一卷，人民出版社 2006 年版，第 624 页。

年 5 月 25 日针对党政机关、国有企业事业单位印发《中共中央、国务院关于党政机关厉行节约制止奢侈浪费行为的若干规定》，同年 10 月 15 日又印发了《关于对违反〈关于党政机关厉行节约制止奢侈浪费行为的若干规定〉行为的党纪处理办法》，在党纪方面加强对浪费行为的监督和查处。2001 年 9 月，党的十五届六中全会通过《中共中央关于加强和改进党的作风建设的决定》，提出："反对讲排场，比阔气，铺张浪费"，并强调建立健全制度和机制，推进作风建设的制度化、规范化，"改革完善管理体制和制度，刹住奢侈享乐之风"。①

进入 21 世纪，我国社会主义现代化建设取得了举世瞩目的历史性成就，综合国力迈上一个新的台阶，国家的财力也明显增强。但与此同时，拜金主义、享乐主义和奢靡之风再次抬头，在一些党员干部群体中出现了铺张浪费的现象。2003 年 4 月 18 日，针对公款吃喝问题，胡锦涛作出批示："吃喝风仍如此之盛，如不有效制止，将吃掉党的优良传统，吃掉民心。这也是落后的表现。"②2003 年 4 月 21 日，中央纪委、监察部联合发布《关于坚决刹住用公款大吃大喝歪风的紧急通知》，要求"严格控制一般性支出，对公务购车用车、会议经费、公务接待费用，以及党政机关出国（境）经费等支出实行零增长，严格预算支出管理，严格控制新建楼堂馆所，坚决制止铺张浪费、奢靡之风，做到令行禁止、违者必究"③。其中，推动"三公经费"支出向全社会公开、接受公众监督，是有效抵制铺张浪费的重要制度举措。根据文件的要求，98 个中央部门陆续公开了部门决算。此后，省级政府两年内全面公开"三

---

① 中共中央文献研究室编：《十五大以来重要文献选编》（下），人民出版社 2003 年版，第 2014 页。

② 《关于转发〈中共中央纪委监察部关于坚决刹住用公款大吃大喝歪风的紧急通知〉的通知》，见 http://www.mohurd.gov.cn/gongkai/fdzdgknr/tzgg/200312/20031225_158362.html。

③ 中共中央文献研究室编：《厉行节约 反对浪费——重要论述摘编》，中央文献出版社 2013 年版，第 51 页。

公经费"。从 2012 年 10 月 1 日起，所有县级以上政府都必须将"三公经费"纳入预算管理，并定期向社会公布，接受人民群众的监督。

改革开放以来，党和国家的工作重心转移到经济建设上来，党中央提出"治国必先治党，治党务必从严"的战略部署，从改进党的作风建设入手推进从严治党，切实遏制党内的铺张浪费现象。从财政管理的角度来看，防止和惩治浪费就是对资源的节约，为社会主义现代化建设积累物质基础，而公开"三公经费"又是改革开放新时期将人民监督纳入预算管理的创新手段，能够从源头上预防财政资金的浪费。

4. 切实遏制公款消费中的各种违规违法现象

党的十八大以来，以习近平同志为核心的党中央对奢靡浪费现象十分痛心。2012 年 12 月 15 日，习近平总书记在中央经济工作会议上的讲话中指出："坚决反对大手大脚、铺张浪费，以实际行动践行全心全意为人民服务的根本宗旨。"[1]2013 年 1 月 17 日，习近平总书记在新华社一份《网民呼吁遏制餐饮环节"舌尖上的浪费"》的材料上作出批示，要求"浪费之风务必狠刹！"[2]2013 年 2 月 22 日，习近平总书记在人民日报《专家学者对遏制公款吃喝的分析和建议》等材料上作出重要批示指出："下一步，关键是要抓住制度建设这个重点，以完善公务接待、财务预算和审计、考核问责、监督保障等制度为抓手，努力建立健全立体式、全方位的制度体系，以刚性的制度约束、严格的制度执行、强有力的监督检查、严厉的惩戒机制，切实遏制公款消费中的

---

① 中共中央文献研究室编：《厉行节约　反对浪费——重要论述摘编》，中央文献出版社 2013 年版，第 53 页。

② 中共中央文献研究室编：《厉行节约　反对浪费——重要论述摘编》，中央文献出版社 2013 年版，第 54 页。

各种违规违纪违法现象。"①2014 年 3 月 18 日，中共中央办公厅、国务院办公厅印发《关于厉行节约反对食品浪费的意见》，分别从"杜绝公务活动用餐浪费""推进单位食堂节俭用餐""推行科学文明的餐饮消费模式"等八个方面提出明确要求。②习近平总书记强调如果任由奢侈之风蔓延，我们党就会脱离群众，就会失去根基、失去血脉、失去力量。③

在认真总结中国共产党反对铺张浪费的历史经验的基础上，党中央、国务院制定了《党政机关厉行节约反对浪费条例》，结合党政机关公务活动和公务消费的新情况和新问题，对因公临时出国（境）、公务接待、公务用车等方面的公务消费行为作了详细规定。2015 年 10 月 21日，中共中央制定了《中国共产党廉洁自律准则》《中国共产党纪律处分条例》两个重要的党内法规，进一步对违反勤俭节约规范的铺张浪费行为的处分作出严格的规定。

党的十八大以来，中央制定了一系列禁止铺张浪费的相关制度，其突出特点在于坚持思想建党与制度治党的紧密结合，体现了以习近平同志为核心的党中央从严治党的战略部署。2020 年 8 月，习近平总书记对制止餐饮浪费行为再次作出重要指示，要求切实培养节约习惯，在全社会营造浪费可耻、节约为荣的氛围。

防止浪费不仅仅是一项思想建设和作风建设，更是一项制度建设。尤其是在物质极大丰富的今天，我们党和政府不断压缩"三公"经费，有效降低行政成本，把防止浪费作为财政工作长期坚持的方针，切实贯彻和体现到财政改革发展的全过程和各方面，建立健全财政约束机制，

---

①　中共中央文献研究室编：《厉行节约　反对浪费——重要论述摘编》，中央文献出版社 2013 年版，第 56 页。

②　参见《中办国办印发〈关于厉行节约反对食品浪费的意见〉》，《人民日报》2014 年3 月 19 日。

③　参见人民日报评论部：《习近平用典》，人民日报出版社 2015 年版，第 215 页。

为更好发挥财政职能作用提供制度性保障。

四、预防腐败要从财政约束公权入手

廉政建设是党的建设的重要工作，而要廉政就必须预防腐败，要预防腐败必须从财政约束公权入手。党从新民主主义革命到改革开放前开展的抵御"糖衣炮弹"进攻的斗争，为改革开放后中国共产党反腐败制度建设奠定了基础。改革开放时期，"反腐倡廉"作为党风廉政建设的行动纲领，不断深化制度与机制改革，全面推进惩治和预防腐败体系建设。党的十八大以来，新的中央领导集体重视反腐败法规制度建设的力度前所未有，并出台了《中共中央政治局贯彻落实中央八项规定的实施细则》，对公权力进行了财政硬约束，将预防腐败推向新的发展阶段。

1. 贪污腐化是最可鄙的

1926 年 8 月 4 日，中共中央扩大会议发出《坚决清洗贪污腐化分子》的通告，要求各级党部"迅速审查所属同志，如有此类行为者，务须不容情的洗刷出党，不可令留存党中，使党腐化，且败坏党在群众中的威望"①。这是中国共产党历史上颁布的第一个惩治贪污腐化分子的文件，它表明中国共产党在成立之初就十分警惕贪污腐化现象对党的侵蚀。毛泽东指出，"自私自利，消极怠工，贪污腐化，风头主义等等，是最可鄙的；而大公无私，积极努力，克己奉公，埋头苦干的精神，才

① 中共中央文献研究室、中央档案馆编：《建党以来重要文献选编（1921—1949）》第三册，中央文献出版社 2011 年版，第 348—349 页。

是可尊敬的"①。1930 年 11 月，中共中央政治局规定："政府机关中不应容留消极怠工腐化分子，尤其是官僚主义分子在内，要彻底肃清旧政权基础上的官僚制度。"②1931 年，中华苏维埃共和国临时中央政府在江西瑞金成立，围绕支援革命战争开展廉政建设，"反对贪污浪费的现象，反对官僚主义的领导"③。

专栏 6-3 谢步升案打响中共"惩腐第一枪"

1932 年 5 月 9 日，中华苏维埃共和国打响了震惊整个苏区的"惩腐第一枪"。谢步升原任瑞金县叶坪村苏维埃主席，他利用职权贪污打土豪所得财物，并偷盖公章、伪造通行证贩运紧缺物资谋取私利。不仅如此，他生活腐化堕落，诱逼奸淫妇女，秘密杀害干部和红军军医，其劣迹被群众举报。时任中共瑞金县委书记的邓小平得知此事后气愤地拍着桌子说："像谢步升这样的贪污腐化分子不处理，我这个县委书记怎么向人民群众交代？"他亲自去中央局反映谢步升的犯罪事实，同时，要调查员去向毛泽东主席汇报情况。毛泽东当场表态："与贪污腐化作斗争，是我们共产党人的天职，谁也阻挡不了！"在毛泽东和邓小平的支持下，此案很快被查处审判。④谢步升案件处理后，中央苏区在各级党组织建立监察委员会，在各级政府设立工农检察部、控告局和裁判部，成立反腐轻骑队、突击队、群众法庭等组织，并委任工农通讯员随时检举腐败分子，一张巨大的反腐网在中央苏区迅速形成。

1933 年 12 月 15 日，毛泽东签署《关于惩治贪污浪费行为：中央执

---

① 《毛泽东选集》第二卷，人民出版社 1991 年版，第 522 页。

② 《中央政治局关于苏维埃区域目前工作计划》（1930 年 11 月），《中共中央文件选集（1930）》，中共中央党校出版社 1983 年版，第 439 页。

③ 《中央工农检察委员会检字第二号——继续开展检举运动》，《红色中华》1934 年第 77 期。

④ 杨世洙：《关于"一苏大会"前后的点滴回忆（1959 年 8 月 17 日）》，《世纪风采》2000 年第 6 期。

行委员会第 26 号训令》，以正式立法的形式对有关贪污和浪费公共财产的犯罪行为进行规范与约束。这是中国共产党最早制定的有关反贪污浪费的法规。1937 年 8 月 25 日，中共中央在陕北洛川召开政治局扩大会议，通过了具有宪法意义的《抗日救国十大纲领》。其中，第四条明确提出："实行地方自治，铲除贪官污吏，建立廉洁政府。"①1938 年 8 月 15 日，陕甘宁边区政府公布的《惩治贪污暂行条例》是中国共产党及其领导下的人民政府最早的较系统的反腐败法规，对防止贪污腐败、肃清贪污分子、建设廉洁政府发挥了重要作用。1942 年，毛泽东提出发展军队的生产事业时讲道："有个别的干部是被物质所诱惑"，"要在太阳底下晒一晒才能恢复健康。"②"在太阳底下晒一晒"，实际上就是要加强党内监督，预防腐败现象的滋生。

财政管理既是产生贪污腐败的温床，也是动摇新生政权的危险因素。苏维埃政权建立不久就提出要加强财务监督，预防腐败。1932 年 12 月 16 日，中华苏维埃共和国中央财政人民委员部颁布《统一会计制度》的第 12 号训令。训令指出："为了彻底统一财政，防止一切舞弊行为，非有健全的、科学的会计制度不行。"③会计制度是财政制度的基础和重要内容，为约束公权发挥了重要作用。

进入解放战争时期，对于财政监督管理工作的要求则愈加重视。陈云曾指出："在目前情况下，需要把财经工作放在不次于军事或仅次于军事的重要位置上。"④1947 年 10 月 24 日，中央审查通过了《华北财政经济会议决议》，明确规定："缩减一切可缩减人员，节省一切非必要的开支。由上级负责人以身作则，降低干部生活水平，发扬艰苦奋斗的作

① 《中共中央文件选集（1936—1938 年）》，中共中央党校出版社 1985 年版，第 317 页。
② 《毛泽东军事文集》第二卷，军事科学出版社、中央文献出版社 1993 年版，第 690、691 页。
③ 邓子恢：《中央财政人民委员部训令》，《红色中华》1933 年第 4 期。
④ 《陈云文选》第一卷，人民出版社 1995 年版，第 373 页。

风，严禁铺张浪费、贪污腐化，犯者要加以严办。"①1948 年 1 月，华北财经办事处在《关于反对贪污浪费的指示》中规定，审查财经供给干部，清洗不可救药的贪污腐化分子，进行经常的管理教育，检查并纠正乡村中的贪污浪费现象。②

革命战争时期的中国共产党政权受到旧思想、旧风俗、旧习惯势力的侵蚀骚扰，贪污腐化、以权谋私等腐败现象在苏区出现。为了克服这一现象，中国共产党加快廉政建设，从制度层面不断完善对腐败现象的预防机制和惩治机制，通过约束公共权力遏制腐败源头，为争取革命战争的胜利奠定了基础。这一时期的反腐败斗争为我们党留下了一笔宝贵的精神财富，对于新中国成立后乃至改革开放新时期的廉政建设和反腐败斗争都有重要的意义。

2. 抵御"糖衣炮弹"的攻击

"可能有这样一些共产党人，他们是不曾被拿枪的敌人征服过的，他们在这些敌人面前不愧英雄的称号；但是经不起人们用糖衣裹着的炮弹的攻击，他们在糖弹面前要打败仗。"③ 在党的七届二中全会上，毛泽东及时发出上述警告。新中国成立之后，反腐败建设一直是我们党的工作重点，通过整风运动的开展和建章立制持续深化党风廉政建设。1951 年 11 月 20 日，毛泽东代表中央号召全党"进行坚决的反贪污、反浪费、反官僚主义的斗争"④。11 月 30 日，他在《关于"三反"、"五反"》一文中指出，"反贪污、反浪费一事，实是全党一件大事"，"我们认为需要来一次全党的大清理，彻底揭露一切大、中、小

---

① 《中共中央文件选集（1945—1947 年）》，中共中央党校出版社 1987 年版，第 740 页。
② 参见陈文斌主编：《中国共产党廉政建设史》，中共党史出版社 1995 年版，第 55 页。
③ 《毛泽东选集》第四卷，人民出版社 1991 年版，第 1438 页。
④ 《建国以来毛泽东文稿》第二册，中央文献出版社 1989 年版，第 513 页。

贪污事件"。①12 月 1 日，中共中央印发《关于实行精兵简政、增产节约、反对贪污、反对浪费和反对官僚主义的决定》，其中特别提到，"自从我们占领城市两年至三年以来，严重的贪污案件不断发生……再不切实执行这项决议，我们就会犯大错误"②。在 1952 年的新年祝词中，毛泽东提到："开展一个大规模的反对贪污、反对浪费、反对官僚主义的斗争，将这些旧社会遗留下来的污毒洗干净！"③1952 年 3 月至 4 月，中共中央接连发出《关于在"三反"运动中党员犯有贪污、浪费、官僚主义错误给予党内处分的规定》和《关于在"三反"运动中对于贪污分子量刑的指示》，对犯有贪污、浪费和官僚主义错误的共产党员予以相应党内处理、刑事处分或行政处分。由此也表明了中央惩治腐败的决心，"过去国民党打苍蝇，现在共产党真正打起老虎来了"④。"三反"运动历时 11 个月，在此过程中审理了新中国反腐第一大案——1952 年 2 月 10 日河北省人民政府在保定公审并枪决大贪污犯刘青山、张子善。同年 1—2 月，北京、天津、武汉、南昌、西安、山西等地也都举行了公审大会，对贪污犯进行公判。

马克思认为，人民群众不能超越客观条件创造历史，而只能在"直接碰到的、既定的、从过去承继下来的条件下创造"⑤。反腐败斗争的本质是运用群众路线反腐，是符合新中国成立之初具体历史条件的策略选择，是一切从实际出发思想在反腐倡廉工作中的具体应用。从新中国成立之初中国共产党反腐败斗争的经验可知，人民群众蕴含着反腐倡廉的

---

① 《毛泽东文集》第六卷，人民出版社 1999 年版，第 190 页。

② 中央纪委纪检监察研究所编：《中国共产党反腐倡廉文献选编》，中央文献出版社 2002 年版，第 32 页。

③ 《中央人民政府举行元旦团拜　毛泽东主席致祝词　号召大张旗鼓地开展反对贪污、反对浪费、反对官僚主义斗争》，《人民日报》1952 年 1 月 3 日。

④ 窦效民、王良启主编：《中国共产党反腐倡廉历程》，郑州大学出版社 2006 年版，第 115 页。

⑤ 《马克思恩格斯选集》第 1 卷，人民出版社 1995 年版，第 585 页。

力量，但这一力量需要中国共产党的带领、引导和科学管理，才能真正
发挥积极正面的作用。

3.一手抓改革开放，一手抓惩治腐败

改革开放之后，党面对发展经济和预防腐败两大问题，领导人
民坚持和开拓中国特色社会主义道路，清醒地认识到改革开放后
的一些领域腐败盛行，已严重影响到了党的执政地位和社会稳定。
1980 年 8 月，邓小平指出："实现我们的战略目标，不惩治腐败，特
别是党内的高层的腐败现象，确实有失败的危险。""我们一手抓改
革开放，一手抓惩治腐败"[1]，"对干部和共产党员来说，廉政建设要
作为大事来抓"[2]。

20 世纪 90 年代后，伴随着我国经济实力和综合国力的不断增强，
腐败大案要案高发频发。江泽民指出："坚决反对和防止腐败，是全党
一项重大的政治任务。不坚决惩治腐败，党同人民群众的血肉联系就会
受到严重损害，党的执政地位就有丧失的危险，党就有可能走向自我
毁灭。"[3]"腐败现象是侵入党和国家机关健康肌体的病毒。如果我们掉
以轻心，任其泛滥，就会葬送我们的党，葬送我们的人民政权，葬送我
们的社会主义现代化大业。我们的党、我们的干部、我们的人民，是绝
不允许出现这种后果的。"[4]

进入 21 世纪之后，我国反腐败斗争形势比以往更加严峻。对此，
胡锦涛强调："在发展社会主义市场经济和对外开放的条件下……监

---

[1] 《邓小平文选》第三卷，人民出版社 1993 年版，第 313—314 页。

[2] 《邓小平文选》第三卷，人民出版社 1993 年版，第 379 页。

[3] 《中国共产党第十六次全国代表大会文件汇编》，人民出版社 2002 年版，第 53—54 页。

[4] 《江泽民文选》第一卷，人民出版社 2006 年版，第 319 页。

督体系还不健全，监管工作还不得力；腐败现象易发多发的土壤和条件尚未根本消除。"[①]"坚定不移反对腐败，永葆共产党人清正廉洁的政治本色。……这个问题解决不好，就会对党造成致命伤害，甚至亡党亡国。"[②]

陈希同、成克杰、陈良宇等省部级以上领导干部被查处，表明反腐败斗争虽然取得了显著成绩，但腐败现象依然十分突出。十七届中央纪委第七次全会指出，我国反腐败斗争成效明显和问题突出并存，防治力度加大和腐败现象易发多发并存，群众对反腐败期望值不断上升和腐败现象短期内难以根治并存。[③]经过持续努力，我国在坚决惩治腐败的同时，开始更加注重治本和预防，更加注重制度建设。2011年5月，国务院常务会议要求中央各部委于2011年6月向全国人大常委会报告中央财政决算时公开财政预算，同时将"三公经费"支出情况纳入报告内容，并向社会公开，接受社会监督。

改革开放以来，反腐败斗争，将制度建设放在更加重要的位置，在推动经济社会又快又好发展的同时，确立了惩防并举、注重预防的反腐倡廉方针，从思想和制度两方面挖掘腐败的根源，有效推动反腐倡廉教育和制度建设融为一体的新途径。"三公经费"的公开，体现了政府构建"阳光财政"的信心和决心，力求将有限的财政资金投入发展国民经济、扩大改革开放成果上，从而不断维护和提高党和政府的权威和公信力。

---

① 中共中央文献研究室编：《十六大以来重要文献选编》（中），中央文献出版社 2006 年版，第 599—600 页。

② 胡锦涛：《坚定不移沿着中国特色社会主义道路前进　为全面建成小康社会而奋斗——在中国共产党第十八次全国代表大会上的报告》，人民出版社 2012 年版，第 54 页。

③ 参见《统一思想认识　加大工作力度　坚定不移将党风廉政建设和反腐败斗争引向深入——贺国强同志在中国共产党第十七届中央纪律检查委员会第七次全体会议上的工作报告》，2012 年 1 月 8 日，见 https://www.ccdi.gov.cn/xxgk/hyzl/201307/t20130726_114162.html。

4. 坚持"老虎""苍蝇"一起打

党的十八大以来，以习近平同志为核心的党中央大力推进党风廉政建设和反腐败斗争。2013 年在十八届中央纪委第二次全会上，习近平总书记强调指出："要加强对权力运行的制约和监督，把权力关进制度的笼子里，形成不敢腐的惩戒机制、不能腐的防范机制、不易腐的保障机制。"[①]2014 年在十八届中央纪委第三次全会上，习近平总书记指出："坚决查处腐败案件，坚持'老虎'、'苍蝇'一起打，形成了对腐败分子的高压态势……全党同志要深刻认识反腐败斗争的长期性、复杂性、艰巨性，以猛药去疴、重典治乱的决心，以刮骨疗毒、壮士断腕的勇气，坚决把党风廉政建设和反腐败斗争进行到底。"[②]2015 年在十八届中央纪委第五次全会上，习近平总书记清醒地指出："我们在实现不敢腐、不能腐、不想腐上还没有取得压倒性胜利……减少腐败存量、遏制腐败增量、重构政治生态的工作艰巨繁重。"[③]2016 年在十八届中央纪委第六次全会上，习近平总书记进一步指出："我们着力解决管党治党失之于宽、失之于松、失之于软的问题，使不敢腐的震慑作用充分发挥，不能腐、不想腐的效应初步显现，反腐败斗争压倒性态势正在形成。"[④]2017 年在十八届中央纪委第七次全会上，习近平总书记作出重大判断，"反腐败斗争压倒性态势已经形成，不敢腐的目标初步实现，不能腐的制度日益完善，不想腐的堤坝正在构筑，党内政治生活呈现新的气象"[⑤]。

进入中国特色社会主义新时代，以习近平同志为核心的党中央强

[①] 《习近平谈治国理政》第一卷，外文出版社 2018 年版，第 388 页。

[②] 《习近平谈治国理政》第一卷，外文出版社 2018 年版，第 393—394 页。

[③] 中共中央文献研究室编：《习近平关于全面从严治党论述摘编》，中央文献出版社 2016 年版，第 186 页。

[④] 《习近平谈治国理政》第二卷，外文出版社 2017 年版，第 161 页。

[⑤] 转引自刘先春主编：《全面从严治党》，人民出版社 2017 年版，第 100 页。

调，尽管反腐败斗争已经取得压倒性胜利，但对形势的严峻性和复杂性一点也不能低估。党的十九大报告指出，当前反腐败斗争形势依然严峻复杂，巩固压倒性态势、夺取压倒性胜利的决心必须坚如磐石。习近平总书记在十九届中央纪委第二次全会上指出，"深入推进反腐败斗争，营造风清气正的良好政治生态"[①]。2021年在十九届中央纪委第五次全会上，习近平总书记强调："紧紧围绕党中央重大决策部署贯彻落实情况强化政治监督，锲而不舍落实中央八项规定及其实施细则精神，持续纠治形式主义、官僚主义，防止享乐主义、奢靡之风反弹回潮。"[②]

党的十八大以来，以习近平同志为核心的党中央不断完善政府权力运行机制，加强政务公开，努力建立健全立体式、全方位的制度体系，形成刚性制度约束，切实遏制各种腐败违法行为。对于财政管理系统，建立起约束政府预算的防线，提高行政支出管理效率，增加财政预算公开强度，加快减少行政开支，专注解决公款吃喝、公车私用、攀比办公条件等乱象，建立现代、开放和透明的预算制度。

反腐败斗争事关党和国家生死存亡。正如习近平总书记所言："党风廉政建设永远在路上，反腐败斗争永远在路上。我们党作为百年大党，要永葆先进性和纯洁性、永葆生机活力，必须一刻不停推进党风廉政建设和反腐败斗争。"[③]财政部门是管财用财的主要行政部门，也容易成为权力寻租的对象，为此从革命时期到中国特色社会主义新时代，加强财政管理始终是我们党反腐防腐的重要措施。财政作为国家治理的基

---

① 《深入学习十九届中央纪委二次全会精神》，人民出版社2018年版，第11页。

② 《（受权发布）中国共产党第十九届中央纪律检查委员会第五次全体会议公报》，2021年1月24日，见 http://www.xinhuanet.com/politics/2021-01/24/c_1127019059.htm。

③ 《习近平在十九届中央纪委五次全会上发表重要讲话强调　充分发挥全面从严治党引领保障作用　确保"十四五"时期目标任务落到实处》，2021年1月22日，见 http://www.xinhuanet.com/politics/leaders/2021-01/22/c_1127015231_2.htm。

础和重要支柱，推进财政反腐倡廉建设有利于从源头上、机制上防治腐败。

五、花好用对才真正有绩效

在中国共产党百年史中，"绩效管理"这一名词的提出尽管较晚，但是追求绩效的思想在中国共产党成立初期已经萌芽，在革命战争时期提出的"节省每一个铜板为着战争和革命事业，为着我们的经济建设，是我们的会计制度的原则"，新中国成立之初设立财政监督专职机构改善财政管理、堵塞财政漏洞，都是绩效管理的体现。改革开放后，伴随着党对经济体制改革的不断探索，确立了分税制财政管理体制，使全国财政获得了极大的管理绩效。而今，进入中国特色社会主义新时代，全面实施预算绩效管理成为建立现代财政制度的重要举措，努力把钱花好，实现宏观层面的资源优化配置，又要把钱用对，从微观层面确保资金使用效率。

1. 努力统筹财政资源的配置

在革命战争时期，财政的核心任务在于保障战时供给，其工作方针主要围绕如何调动群众积极性展开。工农革命军在向井冈山进军时，从土地革命、游击战争和根据地的流动性等特点出发制定了财政工作的方针，即打土豪筹款自给。[①]这种不将财政负担加之于民的自筹给养方式，成为解决革命部队的主要供应来源。与此同时，在支出方面提倡节约，

---

① 参见许毅主编：《中央革命根据地财政经济史长编》下册，人民出版社1982年版，第414页。

尽可能把办公费减少到最低限度。随着根据地的扩大和巩固，党逐渐认识到必须依靠经济建设以获得更多的财政资源。因此，在革命根据地征税成为扩充财政收入的新来源。税收的基础在于发展经济，正如毛泽东所言，"财政困难，只有从切切实实的有效的经济发展上才能解决"[①]，强调了发展经济的核心作用。

除了发展经济外，革命时期的中国共产党还通过统一财政，实现财政资源的统筹配置。中央工农民主政府成立（即中华苏维埃共和国临时中央政府）后，相继颁布了《中华苏维埃共和国暂行财政条例》和《中华苏维埃共和国暂行税则》，对统一财政管理制度、统一税收政策、统一会计制度和严格执行预算决算制度一一作出相关规定。尽管由于监管制度和国库制度的缺失，统一财政的工作进展并不理想，但是革命时期的财政管理制度和政策实施依然值得肯定。首先，动员一切可以动员的经济力量来组织财政收入，支持革命战争和保障供给，此为革命时期的财政开源。其次，通过节约运动的推动收集战粮，此为革命时期的财政节流。最后，建立统一财政思想的提出和初步实施为后期财政管理的制度建设奠定了基础。革命战争时期的绩效管理尚未应用到财政制度的架构之中，但是战时采用的一些灵活性的财政措施、动员式的治理模式，成为当时甚至新中国成立后很长一段时间内党和政府发展经济和落实政策的重要抓手。

2. 集中力量促进工业化

新中国成立初期百废待兴，为了更好地发展经济，迫切需要稳固国家财政，此时财政职能的定位与新中国建设息息相关，迫切需要将每一分钱都花在刀刃上。"一五"时期的工业化建设项目的实施就是财政资

---

① 《毛泽东选集》第三卷，人民出版社 1991 年版，第 892 页。

金有效利用的突出表现。为了实现工业化，中国共产党参照苏联经济建设模式，制定了第一个五年计划，其主要内容是实施苏联援建的一批大型工业企业项目。为此，中苏两国政府先后经过四次协商，最终确定了 154 项基本建设项目，其中"一五"时期施工 146 项。[①]1951 年，毛泽东在起草的《中共中央关于实行精兵简政、增产节约、反对贪污、反对消费和反对官僚主义的决定》中指出，"用一切方法挤出钱来建设重工业和国防工业"。当时，聘请苏联设计组需要花费 4700 万卢布，尽管对于积贫积弱的新中国来说支出巨大，但陈云指出："两年经验证明，由中国技术人员来设计的小工厂或小规模恢复、改建工厂，在设计技术上的缺点、弊病已经很多，浪费很大。而巨大复杂工厂的设计，一个也没有成功，都是半路回头再请苏联设计的。所以，若干年内在中国高级技术人员未养成时，聘请苏联设计组是一种迅速、省钱又十分稳当的办法。"[②]在聘请苏联设计组的同时，注重对我国设计人才的培养，"花了这些留学实习费，可以减少开工初期由于不熟练而产生的各种浪费（机器转不动、产量少、质量低等等）。可以肯定，浪费数目一定大于留学实习费"[③]。"一五"时期为我国的工业化奠定了初步基础，使得我国的重工业在现代化道路上迈进了一大步。"一五"计划的顺利完成是中国共产党集中力量办大事的重要体现，也是新中国集中有限财政资金进行社会主义建设的重大胜利。

就发展经济而言，革命经历促使党更加重视工业和国防建设，在"一五"和"二五"时期，工业部门成为财政收入的重要来源，"三五"时期，将支持国防建设和加快三线建设放在首位。在整个计划经济时期，财政主要服务于为国家计划集中财力。为了提高财政资金的使用效

---

① 参见薄一波：《若干重大决策与事件的回顾》上卷，中共中央党校出版社 1991 年版，第 297 页。

② 《陈云文集》第二卷，中央文献出版社 2005 年版，第 358 页。

③ 《陈云文集》第二卷，中央文献出版社 2005 年版，第 358 页。

率，邓小平要求"财政工作人员要善于节约，善于把钱用到主要方面去"①，并提出了财政工作的六条方针：一是归口；二是包干；三是自留预备费，结余留用不上缴；四是精减行政人员，严格控制人员编制；五是动用总预备费须经中央批准；六是加强财政监察。这六条方针旨在"把国家财政放在经常的、稳固的、可靠的基础上"②，促使国家财政集中力量保证社会主义工业化建设和社会主义改造的需要。

新中国成立后，财政服务于国家治理的作用机制已经初步显现。在建设财政时期，围绕计划经济体制建设对财税体制进行的适应性调整，并通过筹集社会主义工业化建设资金开辟和扩大财源，对于保证和推动国民经济全面调整的顺利推进意义重大。值得一提的是，新中国成立之初邓小平即提出了加强财政预算管理和财政监察的工作建议，这是保障财政资金合理应用、节约财政资源的重要思想。

3. 在改革中加强预算管理和财政监督

改革开放之后，全党的工作中心转移到社会主义现代化建设上来。1980年邓小平提出，党在发展经济方面"正在寻求一条合乎中国实际的，能够快一点、省一点的道路"③，要"善于利用时机解决发展问题"④，必须解决原有经济体制的"束缚"。

在财政领域，为激励地方政府有效发挥积极性，开始推行"分灶吃饭"的财政包干新体制，极大地促进了经济增长与发展。然而，财政包干产生的财政激励，加剧了地方政府之间的恶性竞争，严峻的预算和经常账户赤字威胁到了中央政府的财政健康。为了稳定中央政府的财政基

① 《邓小平文选》第一卷，人民出版社1994年版，第200页。
② 《邓小平文选》第一卷，人民出版社1994年版，第195页。
③ 《邓小平文选》第二卷，人民出版社1994年版，第246页。
④ 《邓小平文选》第三卷，人民出版社1993年版，第363页。

础，党在 1994 年正式启动分税制改革，针对分税制改革忽视的预算外收入问题，党在 1998 年启动了税费改革，以治理政府部门乱收费现象。2000 年 1 月 19 日，江泽民在省部级主要领导干部财税专题研讨班上强调，"财政工作必须坚持量力而行、量入为出、勤俭节约、开源节流，有所为有所不为"[①]。

1994 年分税制财政管理体制改革之后，通过建章立制相继颁布和出台了一系列的法律法规，强化政府预算约束。1994 年第八届全国人民代表大会第二次会议通过《中华人民共和国预算法》，为规范政府收支行为、加强预算管理监督，促进经济社会健康发展提供了法律依据。1996 年国务院颁布《关于加强预算外资金管理的决定》，规范预算外资金管理。2002 年国家出台《中华人民共和国政府采购法》，规范各级国家机关、事业单位和团体组织的政府采购行为。2003 年，党的十六届三中全会提出建立财政绩效评价体系，以绩效评价为核心内容的预算管理制度登上历史舞台。2007 年，全面实施政府收支分类改革，提高政府预算透明度，促进了预算管理的科学化和规范化。

伴随着财政管理体制改革，财政监督体制不断深化。1978 年 8 月，经国务院批准，财政部恢复建立了财政监察司，1982 年各地相继恢复财政驻厂员制度，1994 年财政部成立财政监督司，加强对全国财政监督具体工作的指导和协调。2000 年 6 月，为适应建立公共财政的要求，财政部对内设机构又进行了调整，将财政监督司更名为监督检查局，进一步强化财政监督执法的独立性。

改革开放之后的财政体制与"建设财政"相比经历了翻天覆地的变化，但财政服务于国家治理、服从于我们党的领导的宗旨未变。与之前相比，改革开放之后我国逐步走向公共财政的建设时期，财政体制伴随

---

① 《江泽民文选》第二卷，人民出版社 2006 年版，第 512 页。

着改革开放和市场经济体制的确立，不断释放改革红利的同时，对于预算管理和财政监督的机制建设愈加重视，通过财政管理体制改革重新规范了中央政府与地方政府之间的财政关系，通过建章立制规范政府的财政行为，不断深化财政监督机制改革。而在这些改革中，防止预算外资金的膨胀、治理政府部门的乱收费、强化财政监督执法的独立性等，都是加强绩效管理的有效措施。

4. 全面实施预算绩效管理

党的十八大以后，党的十八届三中全会通过《中共中央关于全面深化改革若干重大问题的决定》，赋予"财政是国家治理的基础和重要支柱"的特殊定位，首次提出建立现代财政制度。2014 年，我国修订了《中华人民共和国预算法》《中华人民共和国政府采购法》等相关法律。2015 年，印发《国务院关于实行中期财政规划管理的意见》，明确部署逐步推进中期预算改革。

2017 年，习近平总书记在党的十九大报告中提出要优化财政资源配置，加快建成全方位、全过程、全覆盖的预算绩效管理体系。2018 年，中央全面深化改革委员会第三次会议审议通过《关于全面实施预算绩效管理的意见》；2019 年，财政部制定印发了《关于贯彻落实过"紧日子"要求 进一步加强和规范中央部门预算管理的通知》；2020 年，国务院发布了新修订的《中华人民共和国预算法实施条例》；2021 年，国务院发布《关于进一步深化预算管理制度改革的意见》。中国特色社会主义新时代的财政绩效管理从强化预算执行、增强财政透明度进行了顶层设计，并不断进行丰富完善。习近平总书记指出，"政府的钱不能乱花，所以要控制好支出"，并反复强调要"把钱用在刀刃上"。实施预算绩效管理是优化财政资源配置、提升财政资金使用效益的重要举措，也是把党和政府带头过"紧日子"要求落到实处的重要抓手。①

中国特色社会主义新时代的财政监督逐步形成了覆盖全面、维度多样、重点突出的监督体系，在横向上将覆盖范围拓展到全部市场主体，在纵向上实现了事前事中事后全流程监管，对提高财政资金使用效率、发挥财政资源的最大效益提供了制度性保障。2012 年，财政部发布《行政事业单位内部控制规范（试行）》；2015 年，财政部出台《关于加强财政内部控制工作的若干意见》和《关于全面推进行政事业单位内部控制建设的指导意见》。经过几年的推广和建设，逐步构建了自上而下、层次分明、日趋完善的内控制度体系，为财政监督奠定了坚实的制度基础，财政监督逐步进入法治化轨道。

中国特色社会主义新时代的财政绩效管理努力把宝贵的财政资源发挥出最大效应，面对公共风险能够迅速响应，保障财政资金的持续发力。新冠肺炎疫情期间，在中国共产党的带领下，各级财政部门持续提升财政治理的应急管理能力，迅速出台相关财政政策，加大财政资金的保障力度和支持力度，发行抗疫特别国债，并积极落实监管配套措施；建立全国财政系统疫情防控经费日报制度，对抗疫资金的投入和分配进行严格管理，实时跟踪地方经费保障进度，并实行预算绩效管理评价和全面审计，确保资金使用合理规范。这是新时代财政资金绩效的突出体现，也是中国共产党领导财政工作取得的伟大成就。新时代的财政管理体制伴随着绩效预算、财政监督和内部控制改革，以法律法规的形式将政府过"紧日子"的节约思想贯穿于现代财政管理体制的架构之中，通过不断优化财政资源配置、提高财政资金使用效率，发挥财政调控作用。通过刚性制度约束和严格的惩戒机制，切实做到不该花的钱一分不花，把钱用在刀刃上，用出效益来。

---

① 参见刘昆：《牢固树立艰苦奋斗勤俭节约思想　扎实做好财政改革发展各项工作》，《中国财政》2019 年第 15 期。

绩效管理的思想在党不同的历史时期呈现出不同的特点。革命时期以灵活性的财政措施和动员式的治理模式进行开源节流保障战时供给，这一财政管理模式实际上是我们党审时度势提高财政资源利用效率的具体体现；新中国成立后，筹集社会主义工业化建设资金，集中力量办大事，并通过初步的财政预算管理和财政监察机制的构建保障财政资金合理应用；改革开放之后党中央着眼于经济体制改革，建立公共财政体制，并伴随着分税制财政管理体制改革的顺利推进，持续深化财政监督机制；党的十八大以来通过深化绩效预算、财政监督和内部控制改革，努力把宝贵的财政资源发挥出最大效应，让节俭和绩效之风在新时代现代财政管理中发挥更大作用。

党在不同历史时期采取的艰苦奋斗、厉行节约、反对浪费、预防腐败、追求绩效等具体措施，都是人民性基因的必然要求，也是人民财政观的具体体现，回答了人民的关切，深刻改变了财政工作理念、法律制度体系，为 100 年来党领导人民取得新民主主义革命、社会主义革命与建设、改革开放与社会主义现代化建设、中国特色社会主义新时代等伟大历史成就奠定坚实的基础。展望未来，党的人民财政观将继续指导全国财政各项工作，不断完善体制制度设计，提升财政治理能力和水平，确保花好用对每一分钱，为全面建设社会主义现代化强国贡献更大力量。

参考文献

(一) 中文图书

1. 党和国家领导人著作

[1] 《毛泽东选集》，人民出版社 1966 年版。

[2] 《毛泽东选集》，人民出版社 1991 年版。

[3] 《毛泽东文集》，人民出版社 1993 年版。

[4] 《毛泽东文集》，人民出版社 1999 年版。

[5] 《建国以来毛泽东文稿》第一册，中央文献出版社 1987 年版。

[6] 《周恩来选集》下卷，人民出版社 1984 年版。

[7] 《邓小平文选》第一卷，人民出版社 1994 年版。

[8] 《邓小平文选》第二卷，人民出版社 1994 年版。

[9] 《邓小平文选》第三卷，人民出版社 1993 年版。

[10] 《陈云同志文稿选编》，人民出版社 1981 年版。

[11] 《陈云文选（1949—1956 年)》，人民出版社 1984 年版。

[12] 《陈云文选（1956—1985 年)》，人民出版社 1986 年版。

[13] 《李先念论财政金融贸易(1950—1991 年)》上卷，中国财政经济出版社 1992 年版。

[14]《习近平谈治国理政》第一卷，外文出版社 2018 年版。

[15]《习近平谈治国理政》第二卷，外文出版社 2017 年版。

[16]《习近平谈治国理政》第三卷，外文出版社 2020 年版。

[17] 薄一波：《若干重大决策与事件的回顾》，中央党史出版社 2008 年版。

[18] 薄一波：《七十年奋斗与思考》，中共党史出版社 1996 年版。

[19]《朱镕基讲话实录》，人民出版社 2011 年版。

2. 党内其他重要文献

[20] 习近平：《决胜全面建成小康社会　夺取新时代中国特色社会主义伟大胜利——在中国共产党第十九次全国代表大会上的报告》，人民出版社 2017 年版。

[21] 习近平：《在庆祝改革开放 40 周年大会上的讲话》，人民出版社 2018 年版。

[22] 习近平：《在庆祝中国共产党成立 100 周年大会上的讲话》，人民出版社 2021 年版。

[23]《中共中央关于全面深化改革若干重大问题的决定》，人民出版社 2013 年版。

[24]《中国共产党的九十年》，中共党史出版社、党建读物出版社 2016 年版。

[25] 中共中央宣传部：《中国共产党的历史使命与行动价值》，人民出版社 2021 年版。

[26] 中共中央文献研究室编：《建国以来重要文献选编》第十四册，中央文献出版社 1997 年版。

[27] 中共中央文献研究室编：《十二大以来重要文献选编》，人民出版社 1986 年版。

[28] 中国井冈山干部学院、中央档案馆编：《〈红色中华〉全编》（整理本），江西人民出版社 2016 年版。

[29] 中国井冈山干部学院、中央档案馆编:《〈新中华报〉综合版》(整理本),江西人民出版社 2016 年版。

[30] 中国社会科学院、中央档案馆编:《1949—1952 中华人民共和国经济档案资料选编》,中国城市经济社会出版社 1990 年版。

[31] 中国社会科学院、中央档案馆编:《1958—1965 中华人民共和国经济档案资料选编》,中国财政经济出版社 2011 年版。

3.其他中文图书

[32] 刘尚希:《公共风险论》,人民出版社 2018 年版。

[33] 刘尚希:《公共风险视角下的公共财政》,经济科学出版社 2010 年版。

[34] 刘尚希主编:《新型城镇化中的财政支出责任》,经济科学出版社 2015 年版。

[35] 刘尚希等:《大国财政》,人民出版社 2016 年版。

[36] 刘尚希、傅志华等:《中国改革开放的财政逻辑(1978—2018)》,人民出版社 2018 年版。

[37] 刘尚希、傅志华等:《新中国 70 年发展的财政逻辑》,中国财政经济出版社 2019 年版。

[38] 黄炎培:《八十年来》,文史资料出版社 1982 年版。

[39] 财政部办公厅、国家税务总局办公厅编:《建立稳固、平衡、强大的国家财政》,人民出版社 2000 年版。

[40]《当代中国财政》编辑部:《中国社会主义财政史参考资料(1949—1985)》,中国财政经济出版社 1990 年版。

[41]《当代中国》丛书编辑部编:《当代中国财政》,中国社会科学出版社 1988 年版。

[42] 薛暮桥、杨波主编:《总结财经工作　迎接全国胜利——记全国解放前夕两次重要的财经会议》,中国财政经济出版社 1996 年版。

[43] 苏星:《新中国经济史》,中共中央党校出版社 1999 年版。

[44] 王丙乾:《中国财政 60 年回顾与思考》,中国财政经济出版社 2009 年版。

[45] 项怀诚主编:《中国财政 50 年》,中国财政经济出版社 1999 年版。

[46] 项怀诚主编:《中国财政通史》,中国财政经济出版社 2006 年版。

[47] 谢旭人主编:《中国财政 60 年》,中国财政经济出版社 2009 年版。

[48] 谢旭人主编:《中国财政改革三十年》,中国财政经济出版社 2008 年版。

[49] 楼继伟、刘尚希:《新中国财税发展 70 年》,人民出版社 2019 年版。

[50] 叶振鹏主编:《中国财政通史》,湖南人民出版社 2015 年版。

[51] 温铁军:《中国农村基本经济制度研究——"三农"问题的世纪反思》,中国经济出版社 2000 年版。

[52] 李海等主编:《统一财经　为新中国奠基立业:记全国解放前后两次重要的财经会议》,当代中国出版社 2008 年版。

[53] 宋新中主编:《当代中国财政史》,中国财政经济出版社 1997 年版。

[54] 吴敬琏等主编:《中国经济 50 人看三十年——回顾与分析》,中国经济出版社 2008 年版。

[55] 何盛明主编:《中国财政改革 20 年》,中州古籍出版社 1998 年版。

[56] 冯田夫:《我国新民主主义革命时期根据地战时财经史》,中国财政经济出版社 2011 年版。

[57] 罗平汉主编:《治国理政这五年——十八大以来中国新巨变》,人民出版社 2017 年版。

(二) 外文翻译著作

[1] [美] 洛易斯·惠勒·斯诺编:《斯诺眼中的中国》,王恩光等合译,中国学术出版社 1982 年版。

[2] [德] 乌尔里希·贝克:《风险社会》,何博闻译,译林出版社 2004 年版。

（三）期刊文章

[1] 刘尚希、武靖州：《宏观经济政策目标应转向不确定性与风险——基于经济周期视角的思考》，《管理世界》2018 年第 4 期。

[2] 刘尚希：《不确定性：财政改革面临的挑战》，《财政研究》2015 年第 12 期。

[3] 刘尚希等：《财政与国家治理：基于不确定性与风险社会的逻辑》，《财政研究》2018 年第 1 期。

[4] 刘尚希：《财政与国家治理：基于三个维度的认识》，《经济研究参考》2015 年第 38 期。

[5] 刘尚希：《民生财政是以人为本的财政》，《群言》2013 年第 2 期。

[6] 刘尚希：《更好发挥财会监督的重要作用》，《财务与会计》2021 年第 9 期。

[7] 余玮：《邓小平和特区的故事》，《党史纵横》2008 年第 4 期。

[8] 史卫、李妮娜：《毛泽东的财政四问与中国共产党财政理论的构建》，《财政科学》2021 年第 4 期。

[9] 刘尚希：《共同富裕：基于所有人的全面发展》，《北京日报》2021 年 9 月 6 日。

[10] 刘尚希：《百年大党的“人民财政观”》，《中国财经报》2021 年 8 月 12 日。

[11]《坚持改革开放不动摇，不能走回头路》，《人民日报》2008 年 12 月 4 日。

[12]《敢想敢干敢为人先：小岗村 40 年有大变样》，《中国青年报》2018 年 1 月 16 日。

[13] 梁周敏、姚巧华：《“人类命运共同体”与共同利益观》，《光明日报》2016 年 10 月 2 日。

后 记

2021 年 7 月 1 日，习近平总书记在庆祝中国共产党成立 100 周年大会上发表重要讲话，深情回顾了中国共产党百年奋斗的光辉历程，系统总结了党为实现中华民族伟大复兴团结带领中国人民取得的伟大成就，科学凝练了伟大建党精神。按照财政部关于学习贯彻习近平总书记"七一"重要讲话精神的工作方案，中国财政科学研究院发挥作为国家高端智库试点单位的理论研究优势，把深化学习和推动研究有效结合起来，从理论和实践结合、党领导下的财政与百年党史结合上，深入研究"七一"重要讲话和党的十九届六中全会提出的重大思想、重大观点和重大论断。为此，中国财政科学研究院专门成立了《百年大党的人民财政观》研究课题组，由刘尚希院长任组长，傅志华副院长为副组长，组织院内精干研究力量，进行重点攻关。课题组反复讨论，数易其稿，终成此书。

作为新中国成立后最早设立的人文社会科学研究机构和财经决策咨询机构之一，中国财政科学研究院在研究工作中始终高度关注党和国家在各个时期的重大战略部署，并全力为之建言献策；始终力求准确把握我国经济社会发展进程，从财政理论与实践总结提炼上探寻中国特色社会主义之特色所在。尤其是近几年来，我们在建设国家高端智库工作中，秉承应有的责任担当，主动抓住党和国家发展中的重大历史节点，紧扣"财政是国家治理的基础和重要支柱"的科学论断，深入探讨历史演进背后的财政"密码"。在纪念改革开放 40 周年、庆祝新中国成立 70 周年等重要历史时刻，我们以公共风险财政理论为基础，从历史的视角研究财政问题，先后推出了《中国改革开放的财政逻辑（1978—2018)》（人民出版社，2018 年)、《新中国 70 年发展的财政逻辑》（中国财政经济出版社,2019 年）等著作。在这本《百年大党的人民财政观》研究和撰写中，我们延续了"史论结合、以论为主"的研究方法，以求在生动的财政历史实践问题研究中深化对公共风险财政论的认识，深化对现实财政改革问题和现代财政制度建设的认识，推动财政基础理论不断创新发展。

本书由刘尚希、傅志华牵头组织研究，并确定研究主题、总体逻辑、基本观点和框架后，分别由李成威（总论、第五章)、申学锋（第一章)、陈龙（第二章)、程瑜（第三章)、史卫（第四章）和马洪范（第六章）执笔形成初稿，再经集体讨论、交叉阅改，最终由刘尚希、傅志华总撰修改定稿。课题组成员闫晓茗为研究工作和撰稿过程提供了高效的技术辅助工作。人民出版社为本书如期出版提供了有力支持和帮助，特别是曹春编审对书稿完善提出了出色的、有价值的建议。在此，一并表示谢忱！

责任编辑：曹　春
封面设计：汪　莹

图书在版编目（CIP）数据

百年大党的人民财政观／刘尚希等 著 . —北京：人民出版社，2022.2
ISBN 978－7－01－024344－3

I.①百… II.①刘… III.①财政经济－经济思想－研究－中国
　IV.① F812.0

中国版本图书馆 CIP 数据核字（2021）第 266657 号

百年大党的人民财政观
BAINIAN DADANG DE RENMIN CAIZHENGGUAN

刘尚希　傅志华 等　著

人民出版社 出版发行
（100706　北京市东城区隆福寺街 99 号）

北京盛通印刷股份有限公司印刷　新华书店经销

2022 年 2 月第 1 版　2022 年 2 月北京第 1 次印刷
开本：710 毫米 ×1000 毫米 1/16　印张：14.75
字数：205 千字

ISBN 978－7－01－024344－3　定价：68.00 元

邮购地址 100706　北京市东城区隆福寺街 99 号
人民东方图书销售中心　电话（010）65250042　65289539